仕事がはかどる ケアマネ術 シリーズ ①

改訂版

そうだったのか！
仕組みがわかる・使える

障害者福祉

監修 小澤 温

第一法規

改訂にあたって

　本書は、介護支援専門員（ケアマネジャー）にとって、障害者を支援する際に必要な障害者福祉制度に関する基本的な知識と考え方を身につけて日頃の業務に役立てて欲しいとの願いから、2016年10月に出版されました。

　その後、障害のある人の高齢化の問題に加えて、障害のある人の介護を実質的に担っている介護者（親）の高齢化問題（いわゆる「8050問題」や「親亡き後」の問題）が社会的に深刻な課題になり、これまでの介護保険制度を中心とした高齢者福祉と、障害者総合支援法を中心とした障害者福祉とが重なる課題が非常に増加しています。特に、政府は地域共生社会の構築を社会福祉政策の柱に据えており、これまでの分野別の縦割り制度から分野横断的な制度への移行が喫緊の課題になっています。その点で、今回の改訂は、社会状況からみて、たいへん時宜を得たものであると思います。

　改訂にあたっては、2016年の障害者総合支援法の改正、2017年の介護保険法の改正による共生型サービスの制度化などの変化をふまえて、内容を見直しました。また、ケーススタディ編でも、「ひきこもり」や「親亡き後」といった今日的な課題を含んだケースを新たに加えました。

　本書は、主な読者層として、介護支援専門員を念頭に置いていますが、高齢者の介護に関わる方、あるいは、障害者の相談支援や介護に関わる方にも、ぜひ、読んで欲しいと思います。本書が、障害者福祉制度の全体像の理解の一助になることを願っています。

2020年3月

小澤　温

はじめに

　本書は、介護支援専門員（ケアマネジャー）にとって、障害者を支援する際に必要な障害者福祉制度に関する基本的な知識と考え方を身につけて日頃の業務に役立てて欲しいとの願いから生まれてきた本です。

　近年、障害のある人の高齢化も急速に進んでおり、これまでの介護保険制度を中心とした高齢者福祉と障害者総合支援法を中心とした障害者福祉が重なる人も非常に増加しています。また、障害者福祉から高齢者福祉への円滑な移行も重要な課題になってきています。このことに関しては、国においても社会保障審議会等で検討が行われていることもあり、今後の制度の動向から目を離すことはできません。その意味で、本書は、社会状況からみて、たいへん時宜を得た本であることを確信しています。

　本書は、主な読者層として、介護支援専門員（ケアマネジャー）を念頭においていますが、高齢者の介護に関わる方、あるいは、障害者の相談支援や介護に関わる方にも、ぜひ、読んで欲しいと思います。本書が、複雑な障害者福祉の制度の全体像を理解する一助になることを願っています。

2016 年 10 月

小澤　温

目次

改訂にあたって
はじめに

■解説編

※本書では「障害者の日常生活及び社会生活を総合的に支援するための法律」を「障害
　者総合支援法」と表記しています。

解説 編

Step 1 障害福祉サービスと 介護保険サービスの関連性

Step 1 では、最初に介護保険制度の被保険者と障害福祉サービスの利用要件について、年齢や特定疾病の有無等を切り口として整理し、次に実際に双方のサービスを利用する場合の流れや要件を見ていきます。

1 障害者が介護保険の被保険者となる場合とは？

介護保険制度のサービスを利用することができるのは、1.被保険者であって、2.要介護認定・要支援認定を受けた方に限られています（地域支援事業を除く）。まずは、この被保険者について整理します。 図1

図1 介護保険制度の被保険者

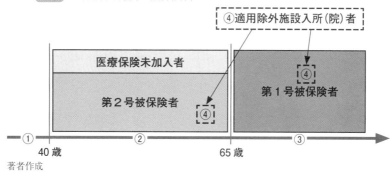

著者作成

① 40歳未満の方

介護保険制度の被保険者は40歳以上の方です。したがって、40歳未満の方は障害の有無を問わず、介護保険の被保険者となることができません。

② 40歳以上65歳未満の方

40歳以上65歳未満の方は、医療保険（健康保険・国民健康保険等）に加入していれば、原則として介護保険の第2号被保険者となります。

③　65歳以上の方

65歳以上の方は、医療保険への加入の有無を問わず、原則として介護保険の第1号被保険者となります。

④　適用除外施設に入所（院）中の方

上記②③の例外として、年齢等の要件は満たしているのに介護保険の被保険者となれない方がいます。その1つが「適用除外施設」に入所（院）している方です。適用除外施設とは、生活介護を提供する障害者支援施設や救護施設、労災病院などが該当します。＊

＊適用除外施設
❶障害者総合支援法に規定する指定障害者支援施設（生活介護および施設入所支援に係る支給決定を受けた身体障害者、知的障害者および精神障害者に限る）
❷障害者支援施設（身体障害者は生活介護を受けている者に限る）
❸医療型障害児入所施設・国立委託病床
❹医療型児童発達支援の指定病床
❺独立行政法人国立重度知的障害者総合施設のぞみの園が設置する施設
❻国立ハンセン病療養所等
❼救護施設
❽労災病院等
❾障害者総合支援法に規定する療養介護を行う病院・施設等

上記の整理をもとに、以下では、

(1)　障害福祉サービスを利用していた障害者が65歳になった時

(2)　障害福祉サービスを利用していない障害者が65歳になった時

(3)　特定疾病のある40歳以上の障害者

について見ていきます。

(1)　障害福祉サービスを利用していた障害者が65歳になった時

障害福祉サービスを利用していた障害者が65歳になった時は、適用除外

施設に入所（院）している場合を除き、原則として介護保険の第1号被保険者となります。ただし、65歳到達までの状況により、大きくは2つの流れに区分されます。

　まずは、医療保険に加入している障害者の場合です。これらの方は40歳到達時に介護保険の第2号被保険者となっていますので、65歳到達時には被保険者の区分が第1号に変更となるだけであり、新たに介護保険の被保険者資格を取得するということではありません。

　ただし、サービス利用については、後述する介護保険優先の原則等から、障害福祉サービスから介護保険サービスへと移行する場合もあります。具体例として、交通事故や知的障害等により、障害福祉サービスを利用してきた障害者が挙げられます。これらの方は、介護保険の第2号被保険者であったとしても特定疾病＊には該当しませんので、65歳になるまでは障害福祉サービスを利用しています。ところが、65歳以上については、介護が必要となった原因を問いませんので、これまで利用してきた障害福祉サービスのうち介

＊特定疾病

　介護保険の第2号被保険者が要介護認定を受けるためには、要介護状態の原因が下記の16種類のいずれかの疾病に該当していることが要件となります。この16種類の疾病のことを特定疾病といいます。

　これら16種類の疾病は、①65歳以上の高齢者に多く発生し、40歳以上65歳未満の年齢層においても発生が認められる等、り患率や有病率等について加齢との関係が認められる、②3〜6カ月以上継続して要介護状態又は要支援状態となる割合が高いと考えられる、という共通の特徴をもっています。

1. がん末期	9. 脊柱管狭窄症
2. 関節リウマチ	10. 早老症（ウェルナー症候群等）
3. 筋萎縮性側索硬化症	11. 多系統萎縮症
4. 後縦靱帯骨化症	12. 糖尿病性神経障害、糖尿病性腎症及び糖尿病性網膜症
5. 骨折を伴う骨粗鬆症	13. 脳血管疾患
6. 初老期における認知症	14. 閉塞性動脈硬化症
7. 進行性核上性麻痺、大脳皮質基底核変性症及びパーキンソン病	15. 慢性閉塞性肺疾患（肺気腫、慢性気管支炎等）
8. 脊髄小脳変性症	16. 両側の膝関節又は股関節に著しい変形を伴う変形性関節症

護保険にもあるサービスについては、原則として介護保険サービスを優先して利用することとなります。

　次に、医療保険に加入していない障害者の場合です。わが国は国民皆保険を掲げていますが、生活保護世帯の方で被用者保険（健康保険等）に加入していない場合には、国民健康保険には加入できず、結果として介護保険の第2号被保険者にはなれません。*

> ＊　生活保護の被保護者の全てが医療保険に加入できないわけではありません。被保護者が加入できない医療保険は国民健康保険と後期高齢者医療保険だけであり、健康保険には加入できます。したがって、「生活保護世帯の被保護者は介護保険の第2号被保険者にはなれない。」といった記述や説明は誤りであり、「40歳以上65歳未満の方で健康保険（共済を含む）に加入していない被保護者の場合のみ、第2号被保険者になれない（国民健康保険に加入できないため）。」とするのが正しい理解です。

　これらの方が介護サービスを利用している場合は、①障害者総合支援法からの障害福祉サービスを利用している、②生活保護法からの介護扶助を受けている、③障害福祉サービス及び介護扶助の両方を利用している、のいずれかになります。

　なお、生活保護法の補足性の原理（他の法律の制度を使ってなお足りないものを生活保護で補うという原理）から、障害者総合支援法が介護扶助に優先することとなります。これらの方も65歳到達時には等しく介護保険の第1号被保険者となります。

⑵　障害福祉サービスを利用していない障害者が65歳になった時

　障害福祉サービスを利用していない障害者が65歳になった時ですが、被保険者資格については障害福祉サービスを利用していた障害者が65歳になった時と同様です。つまり、医療保険に加入していれば、第2号被保険者から第1号被保険者に移り、医療保険に加入していなければ、65歳到達時に新たに介護保険の第1号被保険者となります。

⑶ 特定疾病のある 40 歳以上の障害者

　特定疾病は、40 歳以上 65 歳未満の方が介護保険サービスを利用するための要件となっています。ただし、被保険者資格については特定疾病の有無ではなく、あくまでも医療保険の加入の有無により資格の得喪が生じますので、サービス利用と被保険者資格は整理して理解しておくことが必要です。

　以上のように、介護保険の被保険者資格と障害の有無等は（適用除外施設入所（院）者を除き）基本的に無関係ですが、サービスを併せ考えると少々複雑になってきます。介護−障害に共通のサービス（例：ホームヘルプ）を利用している障害者を例にとると、被保険者資格とサービスの関係は 図2 のとおりとなります。

＊障害支援区分（P.13 図2 ）

　障害者の心身の状態に応じて必要とされる標準的な支援の度合を総合的に示すものであり、区分１（軽度）から６（最重度）までの６段階となっています。認定のための調査やコンピュータ判定（一次判定）から審査会による二次判定といった仕組みは介護保険の要介護認定と類似していますが、調査項目や判断基準などは大きく異なる部分があります。

　ケアマネジャーと生活保護制度の関わり方については、本シリーズ②『改訂版　これでバッチリ！生活保護』をご参照ください。

⑷ 被保険者資格等を巡る諸課題と留意点

　介護保険法と障害者総合支援法および生活保護法の関係のうち、被保険者資格については以上のような整理となりますが、現実の運用においては様々な課題があります。その１つが被保険者資格取得前に行われるべき支援（制度移行に先立って行われるべき準備）であり、地域により又は専門職の認識の度合いにより、大きな差異が見られる場合があります。

　現在障害福祉サービスを利用している方について、市町村は 65 歳到達時・

図2 介護保険被保険者資格と制度別サービス利用の可否
（ホームヘルプサービス利用の場合）

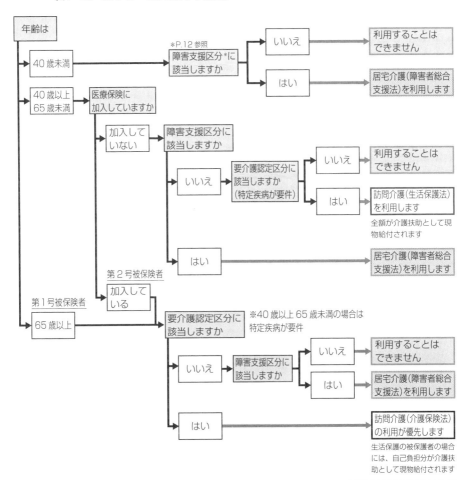

（留意点）
・介護保険の被保険者については、介護保険サービス及び介護扶助が障害福祉サービスよりも優先されます（介護扶助はあくまでも介護保険の給付に付随するものであり、介護保険サービスが障害福祉サービスに優先することに伴うものです）。
・介護保険の被保険者でない方については、障害福祉サービスが介護扶助に優先されます（生活保護法の補足性の原理）。
・このため、40歳以上65歳未満の医療保険未加入者と、40歳以上で介護保険の被保険者（第1・2号）では、要介護認定区分と障害支援区分に該当するか否かの順序が逆になっていますので注意が必要です。
・上記のうち、要介護1以上とならない場合であっても、介護保険法の地域支援事業で訪問介護に相当するサービスを利用できる場合があります。

著者作成

40歳到達時（特定疾病に該当する場合）の３カ月前以内に要介護認定等申請を受理し、それぞれの年齢到達日等に認定することができます。

　このことについては、一義的には市町村職員又は相談支援専門員による当該利用者に対する丁寧な説明に基づく準備が求められるところです。しかし、実際には年齢到達直前まで全く準備支援や情報提供が行われていない市町村もあるなど、円滑な制度移行や連携にはほど遠い状況も散見されます。新たに介護保険サービスを利用する方については、ケアマネジャーとしては要介護認定が行われた後に初めて知り得る（新規申請のため認定調査に携わることもない）こととなるため、十分な移行期間を設けておかなければ、ケアプラン作成から介護保険サービス提供の体制が整うまでの期間、制度の狭間に陥る可能性が少なくありません。

　同様のことが適用除外施設からの退所（院）時にも生じます。例えば、障害者支援施設で生活介護と施設入所支援を受けている障害者が退所して居宅での生活を営む場合には、当然に介護サービスが必要になると見込まれますし、介護老人福祉施設への入所を希望される場合には、当然に要介護認定が必要となります。このことについても、退所（院）後も切れ目なく支援が受けられるよう、退所（院）前からの準備支援が必要です。

　障害福祉の側においては介護保険制度に関する確かな知識を、介護保険の側においては障害福祉制度に関する確かな知識をもち、制度の狭間に陥ることや空白期間が生ずることのないよう、密に連携し、情報を共有できる場を設けておくことが必要となります。 図3

図3 年齢到達前後の連携支援のイメージ

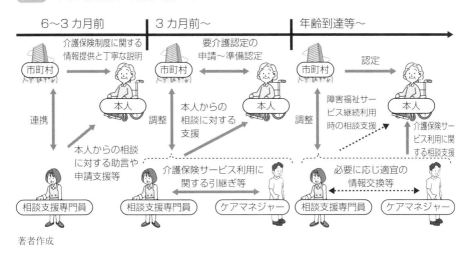

著者作成

2 介護保険サービスと障害福祉サービス、両方利用する場合は？

　障害福祉サービスを利用している方が介護保険の被保険者となった場合には、障害福祉サービスから介護保険サービスへの移行や、障害福祉サービスと介護保険サービスの双方の利用（併用）など、様々なケースが生じてきます。障害福祉サービスから介護保険サービスへ完全に移行する場合はともかく、併用などの場合においては、ケアマネジャー（介護）と相談支援専門員（障害）の密な連携が求められます。

　一方で、市町村（保険者）における実際の制度運用を見ていくと、双方の制度利用の可否について大きな差異が見られるほか、極端な場合には法制度の趣旨を逸脱した、裁量権の濫用ともなりかねない運用が見られる場合もあります。このような場合には、利用者の訴え以上に、これを支援する専門職などが声をあげていく必要があります。

　以下では、法の規定及び厚生労働省の通知をもとに、サービスの内容等をふまえて、いずれの制度のサービスをどのように利用しながら自己実現を支援すべきかについて考えていきます。

(1) 介護保険優先の原則（ただし、一律に介護保険が優先されるわけではない）とは？

　一般に、「介護保険と障害福祉では、介護保険が優先される」といわれていますが、これは以下の条文を根拠としています。

障害者総合支援法

（他の法令による給付等との調整）

第7条　自立支援給付は、当該障害の状態につき、<u>介護保険法（略）の規定による介護給付</u>、健康保険法（略）の規定による療養の給付その他の法令に基づく給付又は事業であって政令で定めるもの<u>のうち自立支援給付に相当するものを受け、又は利用することができるときは政令で定める限度において</u>、当該政令で定める給付又は事業以外の給付であって国又は地方公共団体の負担において自立支援給付に相当するものが行われたときは<u>その限度において、行わない。</u>（下線筆者）

　この条文の解釈については、厚生労働省より「障害者の日常生活及び社会生活を総合的に支援するための法律に基づく自立支援給付と介護保険制度との適用関係等について」が出されています。この通知の要点をまとめると以下のとおりとなります。

＜通知の要点＞

① 　介護保険に"相当する"サービスがある場合は介護保険優先が基本（相当するサービスがない場合は障害福祉サービスの利用は可能）。

② 　障害福祉サービス支給量が介護保険の区分支給限度基準額を上回る場合は、障害福祉サービスの利用が可能。

③ 　心身状況や理由は多様であり、"一律の"優先適用や判断は不可。支給決定基準を設けている場合でも、一律の判断ではなく聴き取り等により適切に判断。

④ 　介護保険制度利用開始の前後でサービス量が大きく変化することは一般的には考えにくい。

　このうち、要点①については⑵ **障害福祉制度固有のサービス（障害福祉サービスを利用できる場合）** で障害福祉サービスと介護保険サービスを比較して考えていくこととし、ここでは要点②から④まで（特に要点②）について考えてみます。

　まず、要点②障害福祉サービス支給量が区分支給限度基準額を上回る場合には、その支給限度額を上回る部分について障害福祉サービスを併用することができます。 図4 （P.18）

　この時、「一体、要介護認定の区分に基づく支給限度額以上に障害福祉サービスが必要なケースがあるのか」という疑問を抱かれるケアマネジャーも少なくはありません。

　この疑問については、双方の制度の目的や認定（要介護認定と障害支援区分認定）のプロセスなどを知ることで一定の理解が可能となります。 表1 （P.18）

　 表1 からも分かるように、障害福祉サービスは介護保険サービスよりもより広範な（日常生活だけではない）領域の支援を行うものであり、また、認定の考え方や認定プロセスも大きく異なる部分があり、事実として、障害支援区分よりも要介護認定に近似していた旧制度（2014年以前の制度）の障害程度区分の時代においても、要介護認定の方が低い区分で認定されるといったケースが相当数になっていることも報告されています。 図5 （P.19）

図4 介護保険の支給限度基準額を上回る場合の障害福祉サービスの併用例

要介護3（支給限度基準額270,480円）の場合

介護保険サービス利用 （自己負担1割※）	障害福祉サービス利用 （応能負担）

→

270,480円

支給限度基準額（270,480円）まで介護保険サービスを利用してもなお日常生活・社会生活で支援が必要な障害者については、支給限度基準額を上回る部分の支援について障害福祉サービスの併用が可能

※介護保険サービス利用にかかる自己負担について、一定の所得以上の場合は2割または3割となる。

著者作成

表1 介護保険制度と障害者総合支援制度の比較

	介護保険	障害福祉
給付の目的	尊厳を保持し、その有する能力に応じ自立した"日常生活"を営むことができるよう必要な給付を行う（介護保険法1条）	基本的人権を享有する個人としての尊厳にふさわしい"日常生活又は社会生活"を営むことができるよう必要な給付を行う（障害者総合支援法1条）
区分の概要	日常生活における基本的な動作の全部又は一部について、その介護の必要の程度に応じて定める区分（介護保険法7条①）	障害者等の障害の多様な特性その他の心身の状態に応じて必要とされる標準的な支援の度合を総合的に示すものとして定める区分（障害者総合支援法4条④）

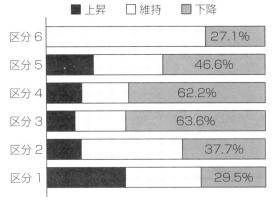

図5　障害程度区分と要介護区分の状況
2015年2月厚生労働省（調査時点は2014年8月）公表数値より抜粋

■ 上昇　□ 維持　■ 下降

区分	下降
区分6	27.1%
区分5	46.6%
区分4	62.2%
区分3	63.6%
区分2	37.7%
区分1	29.5%

・厚生労働省調査をもとに加工したもので、障害程度区分－1＝要介護区分を「維持」として算出。
・障害支援区分ではなく、障害程度区分との比較である。

　このように、障害福祉サービスを利用していた方が、介護保険サービスだけでそれまでの生活を維持することが困難な場合には、要点③「"一律の"優先適用や判断は不可」や、要点④「介護保険制度利用開始の前後でサービス量が大きく変化することは一般的に考えにくい」ということを併せ、個々のケースに応じた柔軟な適用が求められることはいうまでもなく、その一義的な責任は市町村の障害福祉担当課に求められます。その際、特に課題となるのが、市町村の障害福祉サービスの支給決定基準であり、自治体の基準の中には要介護5の区分でなければ障害福祉サービスの併給を認めないとする国通知の趣旨を歪め、明らかに裁量権を逸脱した基準も存在します。このような場合においては、利用者の尊厳ある生活を維持するためにも、ケアマネジャー・相談支援専門員が密に連携し、障害福祉サービスの支給決定基準の是正を求め、柔軟かつ適正な運用を実現していくための働きかけが求められます。

⑵　障害福祉制度固有のサービス（障害福祉サービスを利用できる場合）

　介護保険サービスと障害福祉サービスの共通部分・相違部分を表すイメージが 図6 です。両制度の対象となる（高齢者でかつ障害者）場合は、原則として次の考え方となります。

図6　両制度のサービスの関係

	（上乗せ部分） 介護保険の支給限度額 を上回る場合など	障害福祉サービス
	介護保険サービス	（横出し部分）
障害福祉にはないサービス	両制度に共通のサービス	介護保険にはないサービス
・訪問看護 ・訪問リハビリテーション ・居宅療養管理指導 ・通所リハビリテーション ※　内容的に異なるもの ・小規模多機能型居宅介護 ・共同生活介護 ・短期入所療養介護（医療型短期入所で一部共通あり）	・居宅介護（≒訪問介護） ・生活介護（≒通所介護） ・短期入所（≒短期入所生活介護） ・日常生活用具（≒福祉用具） ※　上乗せ部分に該当 ・重度訪問介護 ※　地域生活支援事業で実施 ・訪問入浴介護	・同行援護 ・行動援護 ・療養介護 ・就労移行支援 ・就労継続支援 ・補装具 ・移動支援事業 ※　内容的に異なるもの ・重度障害者等包括支援 ・自立訓練 ・共同生活援助 ・自立生活援助 ・就労定着支援

厚生労働省資料他に加筆

①　両制度に共通するサービスで要介護認定を受けることができる場合には、介護保険サービスが優先される。

②　介護保険の支給限度基準額を上回る利用が必要な場合には、介護保険サービスに上乗せする形で、障害福祉サービスの併用が可能（いわゆる「上乗せ」サービス）。

③　そもそも介護保険にはないサービスは、介護保険サービスと当該障害福祉サービスの双方の利用が可能（いわゆる「横出し」サービス）。

　①～③のうち、最も分かりやすいものは③の横出しサービスでしょう。例えば就労移行支援や就労継続支援といった"訓練"等給付に属するサービスは当然ながら"介護"保険にはないものです。では、訪問介護（介護）と居宅介護（障害）をはじめ、訓練等給付以外のサービスは、介護と障害で共通していると考えてよいでしょうか。これを個々のサービスごとに検討・整理したものとして、兵庫県から「高齢障害者ケアマネジメント充実強化事業」の委託を受け、一般社団法人兵庫県相談支援ネットワークがまとめた報告書があります。以下、この報告書から、介護保険と障害福祉サービスの共通点・相違点を見ていくこととします。表2

表2 障害福祉サービスから見た介護保険サービスとの共通点・相違点

サービス種別等	Ⓐ 障害福祉固有	Ⓑ 外見上似ていても異なる内容	Ⓒ 共通点が多い	サービス内容 備考
居宅介護			○	自宅で入浴や排せつ、食事の介護等を行います
				サービスの所管範囲等から見て部分一致
重度訪問介護			○	居宅またはこれに相当する場所で入浴や排せつ、食事の介護等及び外出時の移動の補助を行います（重度の肢体障害があり常に介護が必要な人、知的障害又は精神障害により行動上著しい困難があり、常に介護が必要な人）
				外出を含めた包括支援、対象が重度障害者
同行援護	○			移動に必要な情報を提供、移動の援護その他の必要な支援を行います（視覚障害者）
				外出（社会参加）の支援は介護保険にはない
行動援護	○			行動する際の危険を回避するために必要な支援や外出時の移動の補助を行います（知的障害や精神障害により行動が困難で常に介護が必要な人）
				外出時の危険回避の支援は介護保険にはない
療養介護	○			医療と常時介護を必要とする人に、医療機関で機能訓練、療養上の管理、看護、介護及び日常生活の世話を行います
				旧重症心身障害児施設等の年齢超過児等に対する支援
生活介護			○	施設で入浴や排せつ、食事の介護や創作的活動等の機会を提供します
				生産活動が中心となる場合など一部において異なる

サービス				内容
短期入所			○	自宅で介護する人が病気の場合等に、短期間施設へ入所できます
				重度障害者に対する支援の点で異なる場合がある
重度障害者等包括支援		○		居宅介護等の障害福祉サービスを包括的に提供します（常に介護が必要で介護の必要度が非常に高いと認められた人）
				基本は訪問、対象は著しく重度の障害者に限定
自立訓練		○		自立した日常生活や社会生活ができるよう、一定期間、施設で身体機能又は生活能力の向上のために必要な訓練を行います
				医学的管理の有無等及び生活リハ等の内容・対象等において異なる
就労移行支援	○			一般企業等への就労を希望する人に、一定期間、就労に必要な知識及び能力の向上のために必要な訓練を行います
				就労に関する支援は介護保険にはない
就労継続支援（A型・B型)	○			一般企業等での就労が困難な人に、働く場を提供するとともに、知識及び能力の向上のために必要な訓練を行います
				就労に関する支援は介護保険にはない
自立生活援助	○			一人暮らしに必要な理解力・生活力を補うため、定期的な居宅訪問や随時の対応により日常生活の課題を把握し、必要な支援を行う
				介護保険には該当するサービスがない
就労定着支援	○			一般就労に移行した人に、就労に伴う生活面の課題に対応するための支援を行う
				就労に関する支援は介護保険にはない
共同生活援助		○		夜間や休日、共同生活を行う住居で、相談や日常生活上の援助を行います（入浴、排せつ、食事の介護等を行う場合もあります）
				支援時間や目的等において異なる
補装具	○			障害者等の身体機能を補完・代替するために長期間にわたり継続して使用されるものです
				補装具という"考え方"自体が介護保険にはない（車いす・歩行器・歩行補助つえは、「用具」として介護保険で対応できる場合がある）
日常生活用具			○	日常生活上の便宜を図るための用具を給付又は貸与するものです
				品目において介護保険と一部相違
移動支援事業	○			障害者等が円滑に外出することができるよう、障害者等の外出時の介助を行うものです
				外出（社会参加）の支援は介護保険にはない

出典：「高齢障害者ケアマネジメント充実強化事業」報告書、一般社団法人兵庫県相談支援ネットワークより抜粋・加筆

　表中Ⓐの「障害福祉固有」のサービスに属するものとしては、就労移行支援・就労継続支援の訓練等給付に属するサービスや補装具（後述）・移動支援・同行援護・行動援護のように介護保険にはないサービスと、療養介護のようにその対象や内容を異にするサービスがあります。これらは明らかに障害福祉固有のサービスと考えてよいでしょう。

　表中Ⓑの「外見上似ていても異なる内容」のサービスのうち、重度障害者等包括支援は、訪問を中心として極めて重度の障害者を包括的に支援するものであり、小規模多機能型居宅介護の包括的な内容とは相当に異なるものです。また、自立訓練と介護保険の通所リハビリテーションは、医学的管理の有無や生活リハビリテーション（生活訓練）の内容等において相違しています。さらには共同生活援助と認知症対応型共同生活介護は、対象者はもとより、「夜間・休日のみの支援」（共同生活援助）と「全日を包括的に支援」（共同生活介護）という点でも大きな違いがあります。

　表中Ⓒの「共通点が多い」サービスとして整理したサービスは、その多くの部分で共通する点がありますが、完全に一致しているわけではありません。例えば、訪問介護（介護）と居宅介護（障害）については、身体介護や生活援助の行為において大きな開きは見られないものの、その支援する範囲では居宅

表3 訪問介護（介護）と居宅介護（障害）の支援内容

訪問介護（介護）	居宅介護（障害）
居宅において行われる入浴、排せつ、食事等の介護、調理、洗濯、掃除等の家事（居宅要介護者が単身の世帯に属するため又はその同居している家族等の障害、疾病等のため、これらの者が自ら行うことが困難な家事であって、居宅要介護者の日常生活上必要なものとする。）、生活等に関する相談及び助言その他の必要な日常生活上の世話（介護保険法8条②、下線部は同法施行規則5条）	居宅において入浴、排せつ又は食事等の介護、調理、洗濯及び掃除等の家事並びに生活等に関する相談及び助言その他の生活全般にわたる援助（障害者総合支援法5条②、下線部は同法施行規則1条の3）

介護の方がより広い内容を含むものと解することができます。 表3 （P.23）

⑶ 補装具・日常生活用具（障害）と福祉用具（介護）との関係と介護保険制度との関係

　表4 は介護保険制度の福祉用具（貸与・購入）と、障害者福祉制度の補装具・日常生活用具を種目別に整理したものです。

　補装具とは、「障害児・者の身体機能を補完・代替し、長期間にわたり継続して使用されるもの」であり、つまりはその方の身体の一部と考えられるもので、道具・用具とは異なるものです。したがって、その方の身体の状態に合わせたものでなければならず、既製品に身体を合わせていくといったものではありません。

　障害者が介護保険の被保険者となり、双方の制度に共通の種目等がある場合には、補装具として（身体の一部として）提供されるべき状態か否かを適切に判断していくことが必要となります。

表4 福祉用具貸与・購入（介護保険）と補装具・日常生活用具（障害福祉）の一覧

種目等	介護保険		障害福祉	
	福祉用具貸与	福祉用具購入	補装具	日常生活用具
車いす（付属品を含む）	○		○	
座位保持いす・起立保持具（児のみ）			○	
座位保持装置・頭部保持具（児のみ）			○	
歩行器・歩行補助つえ	○		○	
盲人安全つえ			○	
義肢・装具・義眼・眼鏡・補聴器			○	
排便補助具（児のみ）			○	
重度障害者用意思伝達装置			○	
情報・意思疎通支援用具（点字器等）				○
特殊寝台・体位変換器	○			○
床ずれ防止用具	○			
移動用リフト（つり具を除く）	○			○
移動用リフト（つり具）		○		○
自動排せつ処理装置（交換部分を除く）	○			
自動排せつ処理装置（交換部分）		○		
認知症高齢者徘徊感知器	○			
入浴補助用具		○		○
簡易浴槽		○		
腰掛便座・特殊尿器		○		
尿器・便器・特殊便器				○
ストーマ・紙おむつ・収尿器				○
在宅療養等支援用具（ネブライザー等）				○
火災報知器・電磁調理器等				○
住宅改修費（介護保険では別給付）				○
手すり・スロープ（工事を伴わないもの）	○			○

※　日常生活用具は、地域生活支援事業で実施（自治体により品目に違いがある場合があります）

※　福祉用具と日常生活用具の共通項目は、福祉用具が優先（介護保険優先）

出典：「高齢障害者ケアマネジメント充実強化事業」報告書、一般社団法人兵庫県相談支援ネットワークより抜粋・加筆

⑷ 介護保険サービス利用時の自己負担に関する留意点

65歳になる前から障害福祉サービスを利用していた方が、65歳になって介護保険サービスを利用する場合には、介護保険サービス利用時の自己負担については障害者総合支援法の高額障害福祉サービス費により払い戻される場合*があります。

障害福祉サービスを引き続き併用していく場合はもとより、介護保険サービスだけの利用へと移行した場合でも、障害福祉担当部局や相談支援専門員等との連携を維持していく必要があると考えられます。

＊高額障害福祉サービス費として払戻しの対象となる場合
次の1～4をすべて満たす方

1 65歳に達する日前5年間、特定の障害福祉サービス（①）の支給決定を受けており、介護保険移行後、これらに相当する介護保険サービス（②）を利用すること

2 利用者の方とその配偶者の方が、当該利用者が65歳に達する日の前日の属する年度（65歳に達する日の前日が4月から6月までの場合は、前年度）において、市町村民税非課税者または生活保護受給者等であったこと

3 障害支援区分が区分2以上であったこと

4 65歳になるまで介護保険法による保険給付を受けていないこと

　① 特定の障害福祉サービス
　　 居宅介護・重度訪問介護・生活介護・短期入所
　② 相当（類似）する介護保険サービス
　　 訪問介護・通所介護・短期入所生活介護・地域密着型通所介護・小規模多機能型居宅介護・これらに相当するサービス

---

3 共生型サービスとは？

　障害者が65歳の年齢を迎えるにあたって、これまで述べてきたように、介護保険優先の原則があります。介護保険優先の原則は、障害福祉サービスと介護保険サービスとがサービス内容や機能面で類似性の高い場合を条件としています。類似性の高いサービスとは、一般的に、ホームヘルプサービス、デイサービス、ショートステイの3種類のサービスを指しています。図7

図7　障害福祉サービスと介護保険サービスとの関係

障害福祉制度と介護保険制度において、それぞれ様々なサービスが設けられているが、サービスの内容や機能面から、障害福祉サービスに類似する（「相当する」）介護保険サービスがある場合は、障害者総合支援法第7条に基づき、原則介護保険サービスの利用が優先されることになる。（いわゆる介護保険優先原則）

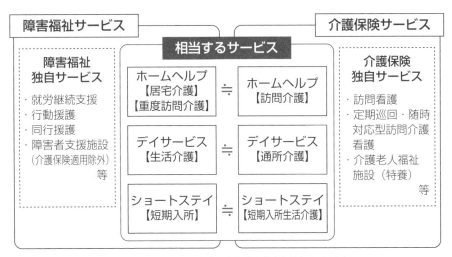

出典：厚生労働省「第142回社会保障審議会介護給付費分科会資料」（一部改変）

　ただし、類似性が高いといっても、障害特性や年齢に応じて、ホームヘルプサービスやショートステイはかなり異なります。デイサービスとして位置付けられている生活介護事業所は生産的な活動に取り組むことができるの

で、内容によっては就労継続支援事業所との違いがあまりないこともあります。このようなことから、2017年の介護保険法の改正では、障害者が高齢化しても引き続き同じ事業所でサービスを継続しやすくするために、「共生型サービス」を新たに位置付けることになりました。 図8

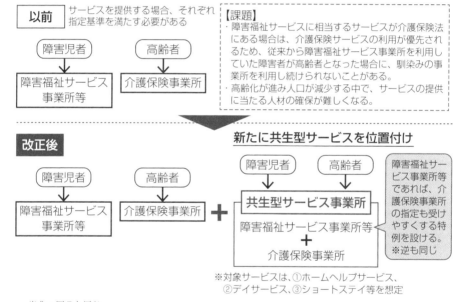

図8 地域包括ケアシステムの強化のための介護保険法等の一部を改正する法律（概要）
（地域共生社会の実現に向けた取組の推進〈共生型サービスの位置付け〉）

高齢者と障害児者が同一の事業所でサービスを受けやすくするため、介護保険と障害福祉両方の制度に新たに共生型サービスを位置付ける。

以前 サービスを提供する場合、それぞれ指定基準を満たす必要がある

障害児者 → 障害福祉サービス事業所等

高齢者 → 介護保険事業所

【課題】
・障害福祉サービスに相当するサービスが介護保険法にある場合は、介護保険サービスの利用が優先されるため、従来から障害福祉サービス事業所を利用していた障害者が高齢者となった場合に、馴染みの事業所を利用し続けられないことがある。
・高齢化が進み人口が減少する中で、サービスの提供に当たる人材の確保が難しくなる。

改正後

障害児者 → 障害福祉サービス事業所等

高齢者 → 介護保険事業所

＋

新たに共生型サービスを位置付け

障害児者 高齢者 → 共生型サービス事業所
障害福祉サービス事業所等 ＋ 介護保険事業所

障害福祉サービス事業所等であれば、介護保険事業所の指定も受けやすくする特例を設ける。※逆も同じ

※対象サービスは、①ホームヘルプサービス、②デイサービス、③ショートステイ等を想定

出典：図7と同じ

　共生型サービスには2つの場合があります。1つは、介護サービス事業所が共生型サービス（この場合は共生型障害福祉サービス）の指定を受ける場合です。もう1つは、障害福祉サービス事業所が共生型サービス（この場合は共生型介護サービス）の指定を受ける場合です。 図9

図9 共生型サービス

> ○ 介護保険サービスの指定を受けた事業所であれば、基本的に障害福祉（共生型）の指定を受けられるよう、障害福祉の居宅介護、生活介護、短期入所等の指定を受ける場合の基準の特例を設ける。

○介護サービス事業所が共生型障害福祉サービスの指定を受ける場合（障害報酬）

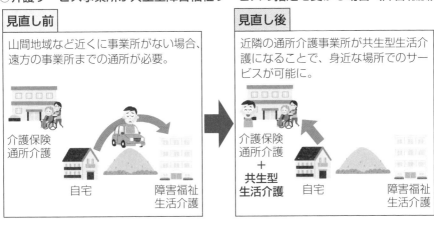

見直し前

山間地域など近くに事業所がない場合、遠方の事業所までの通所が必要。

介護保険
通所介護

自宅

障害福祉
生活介護

見直し後

近隣の通所介護事業所が共生型生活介護になることで、身近な場所でのサービスが可能に。

介護保険
通所介護
＋
**共生型
生活介護**

自宅

障害福祉
生活介護

○障害福祉サービス事業所が共生型介護サービスの指定を受ける場合（介護報酬）

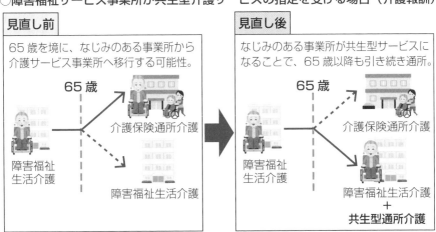

見直し前

65歳を境に、なじみのある事業所から介護サービス事業所へ移行する可能性。

65歳

障害福祉
生活介護

介護保険通所介護

障害福祉生活介護

見直し後

なじみのある事業所が共生型サービスになることで、65歳以降も引き続き通所。

65歳

障害福祉
生活介護

介護保険通所介護

障害福祉生活介護
＋
共生型通所介護

出典：厚生労働省「平成30年度障害福祉サービス等報酬改定における主な改定内容」（一部改変）

介護サービス事業所が共生型障害福祉サービスの指定を受けることができるようになる前は、過疎地域の市町村で近くに障害福祉サービスの事業所がないときには遠距離の事業所に通う必要があり、移動・送迎の負担に大きな問題がありました。現在では、近隣の介護サービス事業所が共生型障害福祉サービスの事業所になれば、身近な地域でサービスを受けることができます。

　障害福祉サービス事業所が共生型介護サービスの指定を受けることができるようになる前は、65歳を契機に、これまで通い慣れていた事業所から介護保険サービスの事業所に移行する必要が生じる問題がありました。現在では、これまで通い慣れていた障害福祉サービスの事業所に65歳以降も引き続き通うことができ、継続性をもちながら日常生活を送ることができます。

　このような分野横断的なサービスはこれまでの障害福祉にはあまりなかったことなので、共生社会を目指す上では重要な取り組みです。しかし、これまでの障害福祉分野と介護保険分野の縦割りの行政制度の中で、それぞれの制度が進展してきたことから、このサービスが今後、広まるためには、障害福祉分野、介護保険分野の両方に通じた専門性のある人材の育成と確保、報酬基準のあり方、地域におけるサービスの必要性の面など、検討すべき点が多々あります。

4 介護支援専門員（ケアマネジャー）に求められることは何か？

(1) 障害福祉サービスを知り、利用者にとって最適なサービスを見極める

＜高齢になる障害者への支援＞

　障害者の高齢化に伴い、ケアマネジャーの関わる機会が増えてきました。厚生労働省の資料によると、障害者数全体は増加傾向にあるとともに、特に65歳以上の高齢障害者の増加が進んでいると報告されています。障害福祉サービスの利用者が介護保険サービスを利用することも増えていくため、ますます障害者を支援する機会が多くなるでしょう。

　障害者に初めて関わるケアマネジャーから「障害の特性が分からない」、「障害者の支援は難しい」、「どのようにプランを立てたらいいのか」などといった声を聞くようになりました。一言で障害者といっても、手帳制度がある身体障害、知的障害、精神障害の3障害をはじめ、精神障害の範囲である発達障害や高次脳機能障害などたくさんの種別があります。難病の一部についても障害福祉サービス利用の対象となっています。

　障害の特徴も様々です。例えば、知的障害のある方はコミュニケーションやものごとの理解が難しく、重度の障害になると、周囲との適応がうまくいかず、問題のある行動により日常生活に支障が出てくるケースがあります。発達障害のある方はものごとに固執したり、絶えず落ち着かなかったり、注意力が散漫であったりと行動面での特徴が見られることがあります。また、精神疾患である統合失調症や気分障害などの疾病は、幻覚や抑うつ状態、感情の減退といった心身の状態変化がみられることを特徴としています。これらはほんの一例ですが、障害の種別は多岐にわたり、その特徴は多様であるため、障害者への支援を行う際には、利用者の障害についてよく理解し、それぞれの特性や支援ニーズを押さえておくことが必要といえるでしょう。

　このほかにも「どのような障害福祉サービスがあるのか」、「介護保険サービスと併用して利用できる制度やサービスには何があるのか」といったサービスや制度に関する相談も寄せられています。障害福祉サービスには、視覚

障害者への同行援護や知的障害者への行動援護など障害に応じた支援を行う固有のサービスがあるほか、聴覚障害者への手話通訳者や要約筆記者の派遣事業、移動の際に介護員（移動支援のヘルパー、正式には移動支援従事者（ガイドヘルパー）という）が付き添い支援する事業など各自治体が地域生活支援事業として実施しているサービスもあります。こうしたサービスは介護保険サービスと組み合わせながら利用することができます。

　ケアマネジャーが障害者を支援していく際には、障害や障害福祉サービスを理解し、必要に応じて介護保険サービスと組み合わせながら、その人にあった支援を行っていくことを考えていきましょう。

＜最適なサービスを利用し、サービスの質を確保する＞

　介護保険サービスに移行した際に、利用者にとって必要な支援の質の低下を招いてはいけません。移行時には、画一的に介護保険サービスを適用するのではなく、利用者のニーズによって支援内容を見直し、適切なサービスの組み合わせを考える必要があります。

　例えば、障害福祉サービスである生活介護（主に中・重度の障害者を対象とした通所サービス）を利用していた障害者は、相当する介護保険サービスである通所介護（デイサービス）などの利用が優先となっていますが、障害の特性やニーズなどを考えると、必ずしも介護保険サービスへの移行がよいとは限りません。生活介護などの通所サービスは、障害の特徴に応じて介護や支援を行っている事業所が多くあるため、障害者のニーズとしてより適している場合があります。その他にも、本人の要望や通い慣れ親しんでいる点などについて十分考慮されなければなりません。これらのことから、移行後においても障害福祉サービスを継続して利用していく選択肢が考えられるのです。

　一方、加齢により身体や認知機能に介護の必要性が見られた場合などは、生活機能の維持向上や身体介護メニューが充実している介護保険のデイサービスなどの利用について検討した方がよいでしょう。また、障害福祉サービスの通所サービス利用者は、年齢層に幅広い傾向が見られます。高齢障害者

にとって 20 代の若い利用者と一緒に活動することは大変なことかもしれません。その点、介護施設では同世代の交流といった楽しみ方が期待できるメリットもあります。利用者の希望を中心として、障害の特性などに応じたサービス利用の見極めが重要になります。

　介護保険への移行時は、サービス支給量の問題も生じます。要介護（要支援）状態区分によっては、今まで利用していた障害福祉サービスの回数が減ってしまうこともあります。障害福祉サービスの訪問介護員による支援（居宅介護）を週 5 日利用していたのに、介護保険では要支援となったため、支給限度基準額の制約から回数が減ってしまったという事例がありました。身体機能や認知症状を重視する介護保険制度において、知的障害や精神障害に起因した支援ニーズのある利用者は、要介護度が低く出てしまうことがあります。そうした場合は、改めて支援を検討し、必要であれば、介護保険サービスへの上乗せサービスとして障害福祉サービスの利用を行っていくことも考えられるでしょう（P.20 参照）。

＜65 歳介護保険移行時における不安の解消＞

　障害福祉サービス利用者が 65 歳を迎え、介護保険サービスへ移行する際、利用者には様々な不安が募ります。利用者からは「今までのサービスがそのまま使えるのか」、「サービス利用料 1 割の費用負担が厳しい」、「自分のことをよく知っている相談担当が変わるのは不安」、「利用していたヘルパー事業所は介護保険の指定事業所ではないため、事業所を変更しなければならない」、「制度が複雑でよく分からない」といった声があがっています。こうした課題に対し、2018 年度の改正では、高齢障害者について一定の要件で介護保険サービスの利用者負担が軽減されることになりました。

　また、障害福祉サービス事業所（ホームヘルプサービスなど）が介護保険事業所の指定を受けやすくなるといった共生型サービスも設けられました。共生型サービスが増加すれば、障害者が 65 歳以上になっても使い慣れた事業所のサービスを利用しやすくなります。

　介護保険移行に伴う変化は、利用者にとって少なからず精神的、経済的な

負担をかけることになるでしょう。利用者の不安を解消し、負担を軽減していくためには、現在のサービスの質を担保していくことに加えて、制度移行について丁寧に説明していくことが必要になります。制度の説明に関しては、障害により理解が困難な利用者も少なくないため、自治体の障害福祉担当や相談支援専門員が中心となって移行時以前から余裕をもって行う必要があります。介護保険サービス利用へ向けた申請は誕生日の３カ月前からですが、それ以前から案内等を行うとよいでしょう。

　現在のところ地域の実情に応じて介護保険移行の進め方は異なりますが、基本的には自治体が中心となって制度に関する説明を行うことが望ましいといえます。また、移行後の支援を見据えて地域包括支援センターへ事前に相談しておくことも円滑に進めていくポイントです。

⑵　利用者の障害に応じたケアプランを立てられるようになる

＜ケアプラン作成の視点＞

　障害者のケアプラン作成に当たっては、通常のプランと同じように利用者の希望やニーズに基づいて作成しなければなりません。障害がある利用者のプランだからといって、特別に身構えることはありませんが、表面的な障害像に捉われてしまわないよう留意しておきましょう。

　障害とその支援ニーズをどのように捉えるかという点については、生活機能分類を示した ICF＊（国際生活機能分類）の構造が分かりやすいといえます。

> **＊ ICF**
> 　2001 年に WHO 総会で採択された人間の生活機能（心身機能・構造、活動、参加）と障害の分類法。健康状況と健康関連状況（教育や労働など）を記述するための、国際的で標準的な共通言語となるように開発された。

　既にケアプラン作成において活用されている視点ですが、障害者の場合、身体機能の障害や知的障害といった機能障害そのものについて注目されがちです。しかしながら、支援ニーズを考えた時、その人の機能障害や疾病の問

題だけではなく、おかれている環境や個人の心理的状況により求められるニーズが変わってきます。機能障害が重くても充実した支援環境の中で暮らしていれば、支援ニーズは満たされているでしょうし、障害が軽度でも住まいや生活環境などが整備されていなければ、その人の満たされない生活ニーズは相当なものとなるでしょう。

　ケアマネジャーは、機能障害に着目するだけではなく、利用者の生活の全体像を捉え、どのような支援が求められており、それに対応するサービスや社会資源は何であるかについてイメージしていくことが大切になります。

ミニ事例　知的障害者　小川花子さん（仮名、70代）のケアプラン

　障害者のグループホームを利用している知的障害のある70代女性、小川さんの事例。日中は障害福祉サービスの生活介護事業所へ通所し、簡単な作業やレクリエーションなどに参加して過ごしている。

　先日小川さんは、脳出血で倒れ入院し、軽度の片麻痺が残ってしまった。床からの起き上がりやベッドからの立ち上がりが難しい状況になっている。着替え等にもかなりの時間を要し、入浴時には介助が必要な状態にある。退院後の生活での介護支援の必要性から、介護保険サービスの利用を申請した。

＜障害福祉サービス利用を含む介護保険ケアプランの例＞

第1表		居宅サービス計画書（1）		作成年月日	年　月　日
				初回 ・ 紹介 ・ 継続	認定済 ・ 申請中

利用者名　　　　　　　　殿　生年月日　　　年　　　月　　　日　住所

居宅サービス計画作成者氏名

居宅介護支援事業者・事業所名及び所在地

居宅サービス計画作成（変更）日　　　年　　月　　　日　　初回居宅サービス計画作成日　　　　年　　　月　　　日

認定日　　　年　　月　　日　認定の有効期間　　　年　　月　　日 ～　　年　　　月　　日

要介護状態区分	要支援	要支援1	要支援2	要介護1	要介護2	要介護3	要介護4	要介護5

利用者及び家族の生活に対する意向	（本人）＊これからも今のグループホームで暮らしたい。 　　　　＊身の回りのことをできるだけ自分で行いたい。 （家族）＊入院してから体力が落ちている。元気に過ごしてほしい。ホーム内や外出時の移動について不安がある。
介護認定審査会の意見及びサービスの種類の指定	・特になし
総合的な援助の方針	・今のグループホームでこれからも安心して暮らすことができるように、ベッドや浴室など福祉用具等を利用していきます。 ・デイサービスへ通い、自分のペースに合わせて体を動かしたり交流したりして心身機能の維持を図っていきます。 ・できるだけ身の回りのことが自分でできるように支援していきます。
生活援助中心型の算定理由	1　一人暮らし　2　家族等が障害、疾病等　3　その他（　　　　　　　　　　　　　　）

居宅サービス計画について説明を受け、内容に同意し交付を受けました。	説明・同意日	年　月　日	利用者同意欄		印

第2表	居宅サービス計画書（2）		作成年月日	年　月　日

利用者名　　　　　　　殿

生活全般の解決すべき課題（ニーズ）	援助目標		援助内容					
	長期目標（期間）	短期目標（期間）	サービス内容	※1	サービス種別	※2	頻度	期間
	身の回りのことについて自分でできるようにする。	食事や着替え等できることは自分で行う。	・障害者グループホームにおける生活支援		障害者グループホーム＊【障害福祉サービス】	グループホーム○○		
・今のグループホームで安心して暮らしたい。	ベッドからの立ち上がりや移動を安全に行う。	手すりにつかまり無理なく立ち上がることができる。	・介護ベッド ・マットレス ・サイドレール ・介助バー	○	福祉用具貸与	株式会社○○店		
	グループホーム内の移動について安全に行う。	歩行器を使いながら目的の場所へ移動できる。	・歩行器の貸与	○	福祉用具貸与	株式会社○○店		
	介助を受けながら安全に入浴ができる。	手すりにつかまり安全に浴槽に入ることができる。	・浴槽手すりの購入	○	特定福祉用具購入	株式会社○○店		
・体を動かしたり他の人と交流したりしながら心身機能を維持したい。	体を動かしたり、他の人と交流したりして過ごすことができる。	新しく通うデイサービスに慣れ、自分のペースで過ごすことができる。	・個別機能訓練 ・生活リハビリ ・社会交流 ・入浴介助 ・食事、排せつ見守りや介助など	○	通所介護	デイサービス○○		

※赤枠内が障害福祉サービスと支援内容

＜利用者に応じたケアプラン＞

　障害福祉サービスの利用者が要介護状態になり、介護保険サービスを利用した事例です。事例の小川さんは、脳出血により軽度の片麻痺の後遺症があります。現在の障害福祉サービスだけでは、小川さんの介護ニーズに対応できないことが出てきたため、介護保険サービスの利用を検討しました。

　まず、障害者グループホームの室内等の移動に支障があるため、福祉用具を利用することにしました。知的障害者が利用するグループホームは、バリアフリー化していないところも多いため、ホーム内の環境整備が必要になります。

　日中は、軽作業やレクリエーションを行う生活介護事業所へ通っていましたが、身体介護やリハビリなどの課題が出てきているため、ニーズに合わせた過ごし方が必要であると考えました。そこで、ケアマネジャーは、機能回復訓練や入浴介助が充実した介護保険サービスのデイサービスへ通うことを小川さんに提案しました。

　退院後、小川さんは、障害者グループホームに居住しながら、デイサービスの利用を始めました。ホーム内では、福祉用具を使って自力で移動し、必要な介助を受けながらも、できるだけ身の回りのことは自分で取り組むようにしています。新しく通い始めたデイサービスでは、機能回復訓練に取り組むとともに、それまで交流がなかった同世代の利用者たちと穏やかに過ごすことができています。

　このケースでは、本人のニーズが身体的な介護支援へとシフトしている点を捉え、住み慣れた障害者グループホームを生活の軸にしながら、介護ニーズに合わせて介護保険サービスの導入を図りました。本人の状況に応じて最適なサービスを組み合わせた事例といえます。

⑶ 利用者の家族との関わり　ーどこまでケアマネジャーが関わるべき?ー

＜利用者の家族との関わり＞

　利用者の家族は、介護力が期待できる最も身近な存在です。利用者が快適に過ごせるように家族の負担感についても配慮しながら、支援を進めていきたいところです。家族の介護力がどの程度あるのかアセスメントし、支援のキーパーソンを見極めていきますが、高齢障害者の家族の特徴として、利用者よりさらに高齢の親や兄弟姉妹がいることが考えられます。その場合、同居している高齢の親からの介護支援が十分に期待できないことや、兄弟がいても何年も利用者と関わりがなく疎遠になっていることもあるでしょう。

　ケアマネジャーは適切な家族アセスメントを実施し、家族の介護力に応じてサービス利用を検討していきましょう。利用者への日々の支援では、家族の介護・支援力を十分発揮できるように支え、協力しながら進めていきます。訪問等の際には、家族とコミュニケーションを十分にとりながら、家族の様子についても気に留めておきたいところです。

　高齢障害者の場合、同居の家族よりも遠くに住んでいる兄弟姉妹がキーパーソンとなることがあり、福祉サービス等の契約や入院時の保証人、緊急時の対応などの役割を担うこともあるでしょう。定期的に連絡をとりながら、ケアプランを共有する働きかけをしていくことが望まれます。キーパーソンが不在の場合、財産の管理や契約行為等の必要性に応じて、成年後見人制度の利用などを検討していきましょう。

ケアマネジャーと成年後見制度の関わり方については、本シリーズ③『改訂版　あなたの悩みを解決できる!成年後見』をご参照ください。

ミニ事例 利用者の家族に支援が必要なケース

　介護保険サービス利用のAさん（男性）と同居している40代の息子のBさんが働かず、両親を威嚇しては金銭を要求している。Bさんは日雇いの仕事をしていたようだが、現在は働いておらず、飲食店などで多額の金銭を使ってしまう。たびたび両親へ金銭を要求するので、生活は困窮していった。Aさんの担当ケアマネジャーは相談を受け、Bさんと対面するうちに、コミュニケーションや理解力の乏しさから、なんらかの障害があるのではないかと感じる。Bさんについて市役所福祉課へ相談すると、障害者相談支援事業所からの支援が入ることになる。

　Bさんは、軽度の知的障害の判定を受け、療育手帳を取得する。生育歴をたどると、どうやら幼少期より知的障害による生活課題があったようだ。現在は、相談支援専門員の支援プランのもと、就労移行支援事業所に通いながら障害者雇用での就職を目指している。Bさんが就労に向けて前向きになっているため、父親のAさんも安心した様子を見せている。

　介護保険サービス利用者への関わりの中で、高齢者虐待やひきこもりなど、同居している子どもの問題により、親（利用者）の生活が脅かされることがあります。

　この事例は、介護保険サービス利用者の支援を通して確認できた同居家族の問題です。同居家族の問題は、利用者の生活に大きな影響を及ぼします。家族に知的障害や精神疾患等による問題行動が見られた場合、障害者相談や精神科医療などへ相談していきましょう。適切な支援につながれば、家族の自立にもつながり、利用者を安心させることができます。利用者の生活向上を目指していくためにも同居の家族の課題にも気を配っていきましょう。

⑷ 一人で問題を抱え込まない　ー周囲と上手に連携をとるー

＜支援で困った時にはどこに相談すればよい？＞

　ケアマネジャーの困難なケースの相談は、地域包括支援センターが対応しますが、障害者支援に関する相談はどこにすればよいのでしょうか。介護保険制度における地域包括支援センターの役割に近いのは、各市町村の地域生活支援事業の中に位置付けられている相談支援事業になります。市町村相談支援事業は、市町村障害福祉担当課が実施しているほか、社会福祉法人などが運営する障害者相談支援事業所へ一部機能を委託している場合があります。また、市町村相談支援事業の中には、相談支援の中核的な役割を担う基幹相談支援センターを設置しているところもあります。基幹相談支援センターは地域の実情に応じて任意設置されるものですが、障害者の困難事例等の相談に応じたり、相談員をバックアップしたりする機能を備えていることがあります。障害者の支援に関わる相談については、基幹相談支援センターなどの市町村相談支援事業を活用していきましょう。

　また、長年にわたって利用者を支援している障害福祉サービス事業所などは、利用者の障害の特性や関わり方について熟知していることがあります。こちらから積極的に情報交換をしたり、助言を求めたりして支援に役立てましょう。

表5　困った時の相談先

相談内容	プラン作成等における相談先
介護保険におけるケアプランや介護支援に関する相談	地域包括支援センター
障害福祉サービス利用や生活全般の相談	市町村相談支援事業 （市町村障害福祉窓口、基幹相談支援センターや事業委託している相談支援事業所など） ＊自治体によって形態は異なる
利用者に関わること、支援などについて	利用している障害福祉サービス事業所

著者作成

＜障害者の相談支援専門員と連携をとるには？＞

　ケアマネジャーが、相談支援専門員と連携をとるのは、どのような場面でしょうか。１つは、障害福祉サービスの利用者が新しく介護保険サービスを利用する場合です。介護保険サービスへの引継ぎの際に障害者の相談支援専門員と連携をとる機会が出てきます。また、障害福祉サービスと介護保険サービスを併用した際、それぞれのケアプランを作成していくこともあります。この場合は、双方の専門員がプランを作成し、支援内容を共有しながら進めていきます（P.15参照）。

　同居家族と支援の調整が必要な場合にも連携が必要になります。ケアマネジャーが要介護の親を支援しており、同居の子どもが障害者で相談支援専門員が関わっているケースがあります。利用者それぞれが訪問介護員による支援などを利用している場合、サービスのスケジュール調整が必要になるでしょう。関係者全体で情報を共有できるように定期的に担当者会議を実施していくことになります。

＜相談支援専門員からのプラン引継ぎ＞

　介護保険ケアプランにより全てのサービス提供が行われる場合、相談支援専門員からの担当変更となり引継ぎが行われます。利用者同意のもと、障害福祉サービスの利用プランである「サービス等利用計画書」や「アセスメントシート」などの書面を中心とした引継ぎを行います。＊通常のアセスメントに加え、障害による生活の困難性やコミュニケーション方法などについてしっかりと引継ぎを行いましょう。また、担当者会議では、サービス提供機関などと支援方針等の確認を行います。移行後は、一定の期間は必要に応じて相談支援専門員からフォローをしてもらうとよいでしょう。

＊　2018年度の障害福祉サービスの報酬改定では、特定相談支援事業において「居宅介護支援事業所等連携加算」が新設されました。この加算は、障害福祉サービス等の利用者が介護保険サービスの利用へ移行する際に、特定相談支援事業所が利用者の心身の状況、置かれている環境やアセスメント等の情報およびサービス等利用計画の内容等について、利用者等の同意を得た上で居宅介護支援事業所等に提供し、居宅サービス計画等の作成に協力した場合に算定されます。
　　また、2018年の指定居宅介護支援事業者の運営基準省令の改正により、指定居宅介護支援事業者は、指定特定相談支援事業者等との連携に努めなければならないとされました。

〈障害福祉サービス利用におけるプラン　「サービス等利用計画」の例〉

計画案

サービス等利用計画案

利用者氏名（児童氏名）		障害支援区分	区分4	相談支援事業者名	○○相談支援事業所
障害福祉サービス受給者証番号				計画作成担当者	
地域相談支援受給者証番号		通所受給者証番号			

| 計画案作成日 | | モニタリング期間（開始年月） | 開始3カ月は毎月．その後は開始から3カ月ごと | 利用者同意署名欄 | |

利用者及びその家族の生活に対する意向（希望する生活）	○「たまには外食しておいしいものを食べたい」「みんなと楽しく過ごしたい」（本人） ○親なき後が心配。毎日健康に過ごしてほしい。（母）
総合的な援助の方針	本人の希望を尊重しながら、毎日充実した生活を送ることができるように支援していく。
長期目標	外出を定期的に行ったり、生活介護事業所で楽しく過ごしたりして充実した生活を送ることができる。
短期目標	新しく利用するグループホームの生活に慣れる。

優先順位	解決すべき課題（本人のニーズ）	支援目標	達成時期	福祉サービス等 種類・内容・量（頻度・時間）	課題解決のための本人の役割	評価時期	その他留意事項
1	○グループホームでの生活が不安	グループホームの生活に慣れる。	20××年3月	・グループホーム／生活支援（毎日） ・最初のうちは、相談支援専門員がホームへ訪問していく。	・他の支援者や利用者と仲良くなり、ホームの雰囲気に慣れる。		・住環境の変化による本人の心身状態に注意する。早く安心できるようにこまめに働きかけを行う。
2	○病気せずに健康に過ごしたい	定期通院・服薬支援を行う。食生活に気をつける。	20××年4月	・グループホーム／生活支援（毎日）内科通院支援（月1回）	・ジュースの飲みすぎに気をつける。		・毎日朝の服薬を支援する。 ・食事量や体重の変化について留意する。
3	○今の事業所に通い友達といっしょに過ごしたい	毎日事業所に通い、仲間と一緒に楽しく過ごしたい。	20××年3月	・生活介護事業所／レクリエーションなど　仲間とのコミュニケーションを意識する。(月～金、月1回±)	・仲間と関わりをもち、楽しく過ごす。		・本人が安心できるように今までどおりの支援を継続していく。
4	○外出しておいしいものが食べたい	外出支援を利用し、外出や食事を行う。	20××年4月	・移動支援（月1回　4時間）（ファミレスなどでお昼を食べる）	・外出で行きたい場所や食べたいものを考える。		・本人の希望を尊重した支援を行う。
5	○お金の管理 ○生活などの相談	本人のお金を管理する。必要な相談に乗る。	20××年7月	・成年後見人　（月1回面談） ・相談支援専門員（随時）	・後見人や相談員に希望を伝える。		・モニタリング時期以外についても必要に応じて相談に乗っていく。

＜ケアマネジャーと相談支援専門員の課題＞

　障害福祉サービスが制度化されてしばらく経ちますが、その間、障害福祉サービス利用者への支援プラン作成が義務付けられ、ケアマネジメントの仕組みが徐々に整備されてきました。近年、高齢障害者の増加や「8050 問題」にみられる要介護の親と障害者の子の事例などにより、ケアマネジャーと相談支援専門員が連携する機会が増えているなか、双方がそれぞれの制度やサービスについて理解を深めていくことが課題となっています。

　ケアマネジャーが障害や障害福祉サービスの理解が必要であると同様に、相談支援専門員にとっても介護保険制度に関する理解が必要です。今のところ両者が参加する研修や会議の場は多くありません。今後、地域包括支援センターや基幹相談支援センターが中心となって、地域包括ケア会議や障害者の地域生活に関する協議の場である協議会などを活用し、お互いの制度やサービスへの理解を深めながら、専門職として連携を図っていくことが求められます。

障害福祉サービスの仕組み

1 障害者総合支援法

(1) 障害者総合支援法の制定と目的

　障害者自立支援法の成立の契機は、2003 年に施行された支援費制度とその後に生じた課題への対応でした。支援費制度は、身体障害者、知的障害者、障害児を対象に、従来の措置制度から契約制度に転換することをねらいに、

① 　利用者の自己決定とサービスの選択の重視
② 　利用者を中心としたサービスの提供
③ 　契約に基づいた利用者とサービス事業者との対等な関係

を目的としました。

　しかし、支援費制度の施行後、在宅サービスの利用者数の増加、障害種別のサービス格差、サービス水準の地域格差、在宅サービス予算の増加と財源問題などの課題が生じました。こういった問題へ対処するために、2004 年には、厚生労働省よりグランドデザイン案が示されました。この案をもとに、2005 年には障害者自立支援法案が国会に提出され、同年成立し、2006 年度よりこの法は施行されました。

　この当時の「障害者自立支援法」の目的としては、

① 　3 障害（身体障害、知的障害、精神障害）の施策の一元化
② 　利用者本位のサービス体系への再編
③ 　就労支援の強化
④ 　サービスの支給決定の明確化
⑤ 　安定的な財源の確保

が挙げられています。

　障害者自立支援法の施行後も多くの問題が生じ、その対応に追われる時期が続きます。2009年には政府により障害者自立支援法の廃止が表明され、当事者委員が半数以上を占める「障がい者制度改革推進会議」（以下、推進会議）が内閣府に設置されました。推進会議では、障害者権利条約の批准と国内法の整備、障害者基本法の抜本的な改正、障害者差別禁止法、障害者自立支援法に代わる「障害者総合福祉法」などの検討が付託され、2010年1月より審議が行われました。障害者自立支援法の廃止に伴う「総合福祉法」の検討に関しては扱う内容が多岐にわたるため、推進会議の下に「総合福祉部会」が設置され、2011年8月に総合福祉法の骨格を示す意見書（骨格提言）がまとめられました。

　その後、障害者自立支援法に代わる法律が、2012年に「障害者総合支援法」として成立し、2013年度より施行されました。障害者総合支援法の概要は、障害者自立支援法の名称の変更、対象の拡大（難病を対象にする）、介護給付・訓練等給付に分かれていたケアホームとグループホームの一元化、重度訪問介護の利用拡大、障害福祉計画の定期的な見直しによるサービス基盤の整備などが示されました。これに加えて、法施行後3年を目途とする検討事項として、常時介護を必要とする者の支援のあり方、障害程度区分（2014年度に障害支援区分に名称変更）を含めた支給決定方法のあり方、意思疎通に支障のある者の支援のあり方などが示されました。

　障害者総合支援法の基本理念では、障害者基本法にある「共生社会」実現の理念を掲げて、可能な限りその身近な場所において必要な支援を受けられるとしています。身近な場所において必要な支援を受けるという（入所施設ではない）地域生活に基盤を置いた理念を示したという点では、これまでの法にはない特徴であり、今後の施策の中でも重視しなければならない理念です。
　また、障害の範囲の見直しでは、制度の谷間のない支援を提供することが

総合福祉部会・骨格提言で強調されていることから、難病を対象に含めることになりました。これにより、障害者総合支援法の対象は、障害者自立支援法施行時（2006年）の身体障害、知的障害、精神障害に加えて、障害者自立支援法の改正施行時（2012年）の発達障害、2013年の難病の追加により計5領域の障害になりました。

　2016年に、障害者総合支援法および児童福祉法の改正が行われ、これにより、①入所型の施設やグループホームを利用し、地域で一人暮らしなどをしている障害者に対して、定期的に巡回訪問し、相談支援を行うサービス（自立生活援助）、②就労定着のために事業所・家庭との連絡調整をする支援サービス（就労定着支援）が新たなサービスとして制度化されました。その他、③重度障害児に対して居宅訪問して発達支援をするサービス（居宅訪問型の児童発達支援事業）、④重度訪問介護の利用者が医療機関に入院した場合の同サービスの継続的な提供、⑤低所得の障害福祉サービス利用者が介護保険サービスに移行した場合の負担軽減措置、⑥保育所等訪問支援の乳児院・児童養護施設の障害児への適用拡大、⑦医療的ケアを要する障害児に関する保健・医療・福祉等の連携促進などが取り組まれることになりました。

⑵　障害福祉サービスの種類

1）障害者総合支援法における障害福祉サービスの全体像　図1 （P.48）

　障害者総合支援法に基づく障害福祉サービスには、大きく、自立支援給付（介護給付、訓練等給付、自立支援医療、補装具、地域相談支援、計画相談支援）、都道府県・市町村による地域生活支援事業から構成されています。
　自立支援給付のうち介護給付には、居宅介護（ホームヘルプ）、重度訪問介護、同行援護、行動援護、療養介護、生活介護、短期入所（ショートステイ）、重度障害者等包括支援、施設入所支援の9種類のサービスがあります。訓練等給付には、自立訓練（機能訓練、生活訓練）、就労移行支援、就労継続支援、就労定着支援、自立生活援助、共同生活援助（グループホーム）、の6種類

のサービスがあります。自立支援医療は、障害者自立支援法以前、身体障害者福祉法により定められていた更生医療、児童福祉法により定められていた育成医療、精神保健福祉法により定められていた精神通院医療、の3つの医療給付を統合したものです。これらは、利用者個人に支給される個別給付です。地域生活支援事業は個別給付ではなく、自治体が地域の状況に応じて事業に対して補助し、サービスを提供する裁量的経費による事業です。これには、理解促進研修・啓発、相談支援、成年後見制度利用支援、意思疎通支援、移動支援などがあります。

　介護給付費、訓練等給付費は、障害者総合支援法の中心的な給付であるため、義務的経費（国が経費の2分の1を補助するもの）として位置付けられました。義務的経費には、その他に、自立支援医療費、サービス等利用計画作成費、補装具費があります。

　次に、それぞれの障害福祉サービスについて、詳しく見てみましょう。

図1　障害者を対象としたサービス

市町村

自立支援給付

介護給付
・居宅介護(ホームヘルプ)
・重度訪問介護
・同行援護
・行動援護
・重度障害者等包括支援
・短期入所(ショートステイ)
・療養介護
・生活介護
・施設入所支援

相談支援
・計画相談支援
・地域相談支援

障害者・児

訓練等給付
・自立訓練
・就労移行支援
・就労継続支援
・就労定着支援
・自立生活援助
・共同生活援助(グループホーム)
※従来のケアホームは、グループ
　ホームに一元化されました。

自立支援医療
・更生医療　・育成医療
・精神通院医療※
※実施主体は都道府県等

補装具

地域生活支援事業

・理解促進研修・啓発
・自発的活動支援
・相談支援
・成年後見制度利用支援
・成年後見制度法人後見支援
・意思疎通支援
・日常生活用具の給付又は貸与

・手話奉仕員養成研修
・移動支援
・地域活動支援センター
・福祉ホーム
・その他の日常生活又は
　社会生活支援

支援

地域生活支援事業

・専門性の高い相談支援
・広域的な支援

・専門性の高い意思疎通支援を
　行う者の養成・派遣
・意思疎通支援を行う者の派遣
　にかかる連絡調整　等

都道府県

出典：『障害福祉サービスの利用について（2018年4月版）』3頁、全国社会福祉協議会

2) 介護給付の種類と内容

介護給付には以下の9種類があります。

表1 介護給付の種類と内容

サービス種類	内容	対象
居宅介護 (ホームヘルプ)	・入浴、排せつ、食事等の介護 ・調理、洗濯、掃除等の家事 ・生活に関する相談、助言、生活指導	障害者
重度訪問介護	・入浴、排せつ、食事等の介護 ・調理、洗濯、掃除等の家事 ・生活に関する相談、助言、生活指導 ・外出時、移動中の介護	重度の肢体不自由者 重度の知的障害者 重度の精神障害者
同行援護	・外出時、移動中の情報提供、援護 ・外出時、移動中の排せつ及び食事等の介護	視覚障害者
行動援護	・行動の際の危険回避の援護 ・外出時、移動中の介護 ・排せつ及び食事等の介護	行動障害を伴う 知的障害者、精神障害者
療養介護	・機能訓練、療養上の管理、看護 ・医学的な管理における介護	病院における 常時介護を要する障害者
生活介護	・入浴、排せつ、食事等の介護 ・調理、洗濯、掃除等の家事 ・生活に関する相談、助言指導 ・日常生活の支援、創作的活動、生産活動の提供	障害者支援施設における 常時介護を要する障害者
短期入所 (ショートステイ)	・障害者支援施設等の短期入所における入浴、排せつ、食事等の介護	居宅での介護者の疾病その他の理由により短期入所が必要になった障害者
重度障害者等 包括支援	・居宅介護、重度訪問介護等のサービスを包括的に提供	常時介護を要する障害者で意思疎通困難な四肢麻痺者、行動障害の著しい知的障害者、精神障害者
施設入所支援	・夜間において、入浴、排せつ、食事等の介護 ・生活に関する相談、助言、生活指導	施設に入所している障害者

3）訓練等給付の種類と内容

訓練等給付には以下の6種類があります。

表2 訓練等給付の種類と内容

サービス種類	内容	対象
自立訓練 （機能訓練）	・理学療法、作業療法等のリハビリテーション ・生活等に関する相談、助言、必要な支援	身体障害者 （給付期間原則1年6カ月）
自立訓練 （生活訓練）	・入浴、排せつ、食事等の生活訓練 ・生活等に関する相談、助言、必要な支援	知的障害者、精神障害者 （原則2カ年）
自立生活援助	・利用者の居宅への定期的な訪問、日常生活、健康状態、地域との関係についての確認、必要な助言や医療機関等との連絡調整	障害者支援施設やグループホーム等を利用していた障害者で一人ぐらしを希望する障害者
就労移行支援	・生産活動、職場体験等就労に必要な訓練 ・求職活動、職場開拓 ・就職後の職場定着支援	就労を希望する障害者 （65歳未満） （原則2カ年）
就労継続支援 （A型）	・就労機会の提供 ・生産活動、就労に必要な訓練、支援	雇用契約による就労が可能な障害者（65歳未満）
就労継続支援 （B型）	・就労機会の提供 ・生産活動、就労に必要な訓練、支援	雇用契約による就労が困難な障害者
就労定着支援	・企業、自宅等への訪問、障害者の来所による相談、就労生活に必要な連絡調整や指導・助言等の支援	就労移行支援等の利用をへて一般就労した障害者で支援を希望する障害者
共同生活援助 （グループホーム）	・共同生活をしている住居における相談 ・入浴、排せつ、食事等の介護	障害支援区分が1以下に該当する障害者

4）相談支援給付の種類と内容

相談支援給付には、以下の2種類があります。

表3　相談支援給付の種類と内容

サービス種類	内容
地域相談支援	・地域移行支援（精神科病院、障害者支援施設、救護施設、刑事施設等に入所している障害者の地域移行に関わる相談） ・地域定着支援（居宅で単身生活をしている障害者の常時の相談、緊急連絡など）
計画相談支援	・サービス等利用計画の作成 ・支給決定されたサービス等利用計画のモニタリングの実施

5）自立支援医療の内容

　自立支援医療は、障害者自立法以前、身体障害者福祉法により定められていた更生医療、児童福祉法により定められていた育成医療、精神保健福祉法により定められていた精神通院医療、の3つの医療給付を統合したもので、障害の軽減を図り、自立した日常生活、社会生活を営むために必要な公費負担医療をいいます。自立支援医療費の支給決定を受けた人が自立支援医療機関の行う医療を受けた場合に支給されます。自立支援医療は、障害者が心身の障害の状況からみて自立支援医療を受ける必要がある場合に、その障害者の世帯の所得の状況、治療状況を勘案して支給決定されます。

　支給認定は、自立支援医療の種類ごとに行われます。支給認定の際には、支給認定の有効期間、指定自立支援医療機関が定められ、それを記載した自立支援医療受給者証が交付されます。

6）補装具の種類と内容

　補装具とは自立支援給付に位置付けられた個別給付です。補装具は、障害者の身体機能を補完し、または代替えし、長期にわたり継続的に使用されます。具体的な種目は厚生労働省が定めます。補装具の購入等を希望する人は、市町村に費用支給の申請を行い、申請を受けた市町村は、更生相談所などの意見をもとに補装具費の支給決定を行います。支給決定では補装具の種目と

金額を決定すると同時に事業者選定に必要な情報も提供します。支給決定を受けた利用者は補装具業者と契約を行い、補装具の購入等のサービスを受けます。

　補装具の種類には、義肢、座位保持装置、補聴器、車いす、頭部保持具、重度障害者用意思伝達装置等があります（P.25 参照）。

7）地域生活支援事業の種類と内容

　地域生活支援事業とは、身近な市町村や都道府県での地域特性や利用者の状況により柔軟に実施する事業をいいます。地域特性に応じて都道府県・市町村の判断で柔軟に実施可能とするために、裁量的経費として位置付けられました。 表4 表5 （P.53、54）

(3)　障害福祉サービス利用の流れ（利用方法と手続き）

図2 　支給決定・サービス利用の流れ

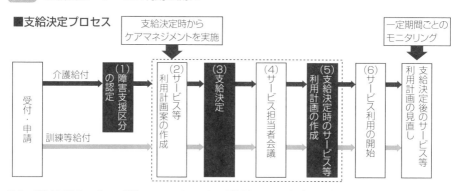

出典：『障害福祉サービスの利用について（2018 年 4 月版）』12-13 頁、全国社会福祉協議会（一部改変）

1）対象者

　障害者総合支援法の対象となる障害者（児）とは、身体障害者福祉法、知的障害者福祉法、精神保健福祉法、発達障害者支援法、対象疾病（難病等、361、2019 年 7 月時点）、児童福祉法（18 歳未満）、で規定している障害者（児）

表4 市町村地域生活支援事業

事業の種類	内容
理解促進研修・啓発事業	・障害者への理解を促進するための研修・啓発事業
自発的活動支援事業	・障害者・家族、地域住民等の地域における自発的取組の支援
相談支援事業	・障害者・家族への相談支援、必要な情報提供、権利擁護 ・基幹相談支援センター ・住宅入居等支援事業（居住サポート事業） ・障害者相談支援事業
成年後見制度利用支援事業	・成年後見制度の利用が困難な知的障害者、精神障害者に対して成年後見制度の申立てに要する費用、後見人への報酬の一部補助
成年後見制度法人後見支援事業	・成年後見制度業務のできる法人の確保
意思疎通支援事業	・聴覚、音声言語、視覚等の障害のため意思疎通が困難な障害者への支援
日常生活用具給付等事業	・日常生活用具の給付又は貸与（住宅の改修）
手話奉仕員養成研修事業	・手話奉仕員の養成
移動支援事業	・屋外の移動が困難な障害者に対する外出のための支援
地域活動支援センター機能強化事業	・創作的活動、生産活動の機会の提供、社会との交流促進を行う地域活動支援センターの機能強化
任意事業	・市町村の判断による地域で必要な事業の実施

をいいます。ただし、児童（18歳未満）の障害福祉サービスは児童福祉法によって受けることになっています。

表5　都道府県地域生活支援事業

事業の種類	内容
専門性の高い相談支援事業	・発達障害者支援センター運営事業 ・高次脳機能障害及びその関連障害に対する支援普及事業 ・障害児等療育支援事業 ・障害者就業・生活支援センター事業
専門性の高い意思疎通支援を行う者の養成研修事業	・手話通訳者、要約筆記者、盲ろう者の通訳・介助員の養成
専門性の高い意思疎通支援を行う者の派遣事業	・手話通訳者、要約筆記者、盲ろう者の通訳・介助員の派遣
専門性の高い意思疎通支援を行う者の派遣に関する連絡調整事業	・手話通訳者、要約筆記者、盲ろう者の通訳・介助員の派遣に関する連絡調整
広域的な支援体制	・都道府県相談支援体制整備事業 ・精神障害者地域生活支援広域連絡調整等事業
サービス・相談支援者指導者育成研修事業	・障害支援区分認定調査員研修事業 ・相談支援従事者研修事業 ・サービス管理責任者研修事業 ・その他研修事業
任意事業	・都道府県の判断による地域で必要な事業の実施

2）給付の申請

　介護給付又は訓練等給付の支給を受けようとする障害者及び障害児の保護者は、居住地の市町村の支給決定を受けなければなりません。障害者支援施設に入所している場合は、入所前の居住地の市町村が支給決定を行います。居住地がない場合、不明な場合は、障害者（児）の現在地の市町村が支給決定を行います。

3）支給決定

　障害者（利用者）からの支給申請が行われた後、市町村は障害支援区分の認定（介護給付の場合）と支給決定の判断を行います。その判断のため、市町村は、心身の状況、環境などの調査を所定の項目にそって実施します。市町村は申請した障害者（利用者）に指定特定相談支援事業者が作成する（利用者自身で作成することも可能。セルフプランという）サービス等利用計画案の提出を求めます。市町村は提出された計画案、勘案事項をもとに支給決定を行います。

　障害支援区分は、障害者に対する障害福祉サービスの必要性を客観的に明らかにすることを目的にしています。障害者の心身の状態を総合的に勘案し、それに基づいて、要介護状態と福祉サービスの必要性を示す区分として厚生労働省令で定められています。障害支援区分は、非該当、障害支援区分１〜６の判定がなされます。

2 障害者総合支援法の対象者

(1) 障害者総合支援法の対象

　障害者総合支援法は、介護保険法と異なり、障害の種別を特定しています。障害の種別を大きく分類すると、身体障害者、知的障害者、精神障害者、難病のある人、発達障害者の５種別です。なお、高次脳機能障害者そのものは対象に入っていませんが、高次脳機能障害により、身体障害あるいは精神障害がある人が多いため、本書では取り上げることとします。この障害種別には、それぞれ根拠となる法律、制度の規定があります。以下、それぞれ見ていきましょう。

(2) 身体障害者とは

1) 身体障害者と身体障害者手帳

　障害者総合支援法の対象としている身体障害者は身体障害者福祉法の定義に基づいています。以下の3点を満たす人が対象です。

> ・身体障害者福祉法の別表による障害 表6
> ・18歳以上（18歳未満の身体障害児は児童福祉法）
> ・都道府県知事（指定都市・中核市市長）から身体障害者手帳の交付を受けている

　法別表は、表6 のように、身体障害の種別と障害程度等級を定めています。
　身体障害者手帳の交付対象者は、法別表 表6 に該当する障害者（18歳未満の者も含む）です。交付申請の手続きは以下のとおりです。

① 都道府県知事（指定都市・中核市市長）の指定する医師の診断書・意見書の添付
② 福祉事務所長を通して（福祉事務所を設置しない町村では町村長を通して）都道府県知事に申請
③ 15歳未満の者では保護者による申請

2) 身体障害者更生相談所及び身体障害者社会参加支援施設

　身体障害者更生相談所は、身体障害者福祉法で都道府県への設置が定められており、以下の業務を行っています。

> ・障害者支援施設への入所に関わる市町村間の連絡調整、市町村への情報提供
> ・身体障害者に関する専門的な知識と技術を要する相談
> ・身体障害者の医学的、心理学的、職能的判定の実施
> ・必要に応じて障害者総合支援法の定める補装具の処方、適合判定の実施
> ・必要に応じて障害者総合支援法における市町村の支給決定の際の専門的・技術的な援助、意見の表出

表6 身体障害者福祉法の別表

種別 / 等級	重度		中度		軽度		
	1	2	3	4	5	6	7
視覚障害	○	○	○	○	○	○	
聴覚障害		○	○	○		○	
平衡機能障害			○		○		
音声機能・言語機能、そしゃく機能の障害			○	○			
肢体不自由（上肢・下肢）	○	○	○	○	○	○	○
肢体不自由（体幹）	○	○	○		○		
脳原性運動機能障害（上肢・移動）	○	○	○	○	○	○	○
内部障害（※1）	○		○	○			
内部障害（※2）	○	○	○	○			

※1 心臓機能障害、腎臓機能障害、呼吸器機能障害、膀胱又は直腸の機能障害、小腸機能障害
※2 ヒト免疫不全ウイルスによる免疫機能障害、肝臓機能障害

著者作成

身体障害者社会参加支援施設は、身体障害者福祉法で定められた施設で、次のような施設があります。 表7

表7 身体障害者社会参加支援施設の種類と業務内容

施設名	内容
身体障害者福祉センター	身体障害者への様々な相談、機能訓練、レクリエーション、社会との交流の促進等の支援の実施
補装具製作施設	補装具の製作、修理
盲導犬訓練施設	盲導犬の訓練、視覚障害者への盲導犬利用の訓練の実施
視覚障害者情報提供施設／聴覚障害者情報提供施設	点字刊行物、録音物、録画物等の各種情報を記録したものの製作、貸出。点訳、手話通訳者の養成と派遣

(3) 知的障害者とは

1) 知的障害者と療育手帳

知的障害に関しては、知的障害者福祉法では定義されていません。ただし、1990年から2005年にかけて5年に1回実施した国の知的障害児（者）基礎調査では、「知的機能の障害が発達期（おおむね18歳まで）にあらわれ、日常生活に支障が生じているため、何らかの特別の援助を必要とする状態にあるもの」としています。

知的障害児（者）に対する指導・相談、各種の支援措置を円滑にするために厚生労働省の通知により定められた療育手帳が交付されます。交付の実施主体は都道府県知事（指定都市市長）で、福祉事務所が窓口になります。対象者は、児童相談所又は知的障害者更生相談所で知的障害と判定された人です。それぞれの自治体で定められた期間ごとに判定を行います。

2) 知的障害者更生相談所

知的障害者更生相談所は、知的障害者福祉法で都道府県への設置が定められており、知的障害者に対して次の業務を行っています。

> ・障害者支援施設への入所に関わる市町村間の連絡調整、市町村への情報提供
> ・知的障害者に関する専門的な知識と技術を要する相談
> ・知的障害者（18歳以上）の医学的、心理学的、職能的判定の実施
> ・必要に応じて障害者総合支援法における市町村の支給決定の際の専門的・技術的な援助、意見の表出

⑷ 精神障害者とは

1）精神障害者と精神障害者保健福祉手帳

　精神保健及び精神障害者福祉に関する法律（以下、精神保健福祉法）では、精神障害者を「統合失調症、精神作用物質による急性中毒又はその依存症、知的障害、精神病質その他の精神疾患を有する者」としています。このうち「知的障害」は主に保健医療の対象としての規定であり、福祉制度に関係の深い精神障害者保健福祉手帳制度の対象からは除いています。知的障害者の福祉の支援に関しては、知的障害者福祉法がその中心的な役割を担っています。

　精神障害者は都道府県知事（指定都市市長）に精神障害者保健福祉手帳（以下、手帳）の交付の申請ができます。都道府県知事は、申請者の状態が政令で定めた精神障害の状態にあると認めた時は、手帳を交付しなければなりません。手帳の更新は2年ごとに行われます。手帳は、各種の精神保健福祉の支援を受ける場合の参考となる利点があります。

　手帳における障害者等級は、障害の程度に応じて重度者から1級、2級、3級と定められています。その内容を 表8 （P.60）に示します。

　身体障害者手帳、療育手帳、精神障害者保健福祉手帳に共通する、所得税、住民税の障害者控除、生活保護における障害者加算と障害の程度の判定、公共施設の入場料や公共交通機関の運賃割引などの優遇措置、といった利点は重要です。

表8	精神障害者保健福祉手帳の障害者等級
1級（重度）	日常生活の用を弁ずることを不能ならしめる程度のもの
2級（中度）	日常生活が著しい制限を受けるか、又は日常生活に著しい制限を加えることを必要とする程度のもの
3級（軽度）	日常生活若しくは社会生活が制限を受けるか、又は日常生活若しくは社会生活に制限を加えることを必要とする程度のもの

２）精神保健福祉センター

精神保健福祉センターは、精神保健福祉法で都道府県への設置が定められており、精神障害者に対して以下の業務を行っています。

- ・精神保健及び精神障害者の福祉に関する知識の普及、調査研究
- ・困難例に対する相談及び指導の実施
- ・精神医療審査会の事務
- ・必要に応じて障害者総合支援法における市町村の支給決定の際の専門的・技術的な援助、意見の表出

⑸　難病とは

難病の定義は、1972 年の国の難病対策要綱が基本となっています。①原因不明、治療法未確立であり、かつ、後遺症を残すおそれが少なくない疾病、②経過が慢性にわたり、単に経済的な問題のみならず介護等に著しく人手を要するため家庭の負担が重く、また、精神的にも負担の大きい疾病、という２つの特徴のある疾病を難病としました。

その後、2013 年に施行された障害者総合支援法で難病が制度の対象として位置付けられました。ほぼ同時期に、これまでの難病対策要綱に代わり難病の医療対策に対応するために、2014 年には、「難病患者に対する医療等に関する法律」（以下、難病医療法）が成立し、2015 年に施行されました。こ

の法により、対象の難病は同法施行以前の56疾病（特定疾患治療研究事業）から110疾病、さらに、2019年7月からは333疾病になりました。この見直しでは、難病の大幅な追加もありましたが、3疾病（スモン、劇症肝炎、重症性膵炎）は難病の指定から外れました。なお、障害者総合支援法の対象となる疾病は、難病医療法の施行に伴って追加と削除を行い、2019年7月からは361疾病となりました。

(6) 高次脳機能障害とは

高次脳機能障害は、脳損傷による認知障害全般を指します。代表的な症状としては、記憶障害、注意障害、遂行機能障害、社会的行動障害等があり、これらの症状によって、日常生活、社会生活に制約のある状態をいいます。

利用できる福祉サービスは、高次脳機能障害になった疾患や年齢によって異なるので、市町村と相談しながらサービス利用を行うことが重要です。 図3

図3 利用できる福祉サービス（疾患、年齢別）

●脳血管疾患による高次脳機能障害の場合

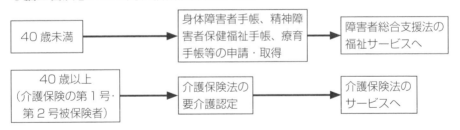

●外傷性脳損傷、低酸素脳症等による高次脳機能障害の場合

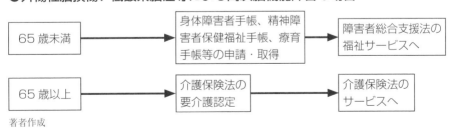

著者作成

(7)　発達障害者とは

1）発達障害者と発達障害者支援法

　発達障害者支援法によれば、発達障害は「自閉症、アスペルガー症候群その他の広汎性発達障害、学習障害、注意欠陥多動性障害その他これに類する脳機能の障害であってその症状が通常低年齢において発現するものとして政令で定めるもの」としています。この定義は医学的な診断を中心にしているため、法律では、さらに、発達障害者は「発達障害がある者であって発達障害及び社会的障壁により日常生活又は社会生活に制限を受けるもの」と社会的な要素も重視しています。なお、「社会的障壁」とは、日常生活・社会生活を営む上で障壁となるような社会における事物、制度、慣行、観念その他一切のものとしています。

　発達障害は精神障害者保健福祉手帳の対象となっており、知的障害がある場合は療育手帳の交付も受けることができます。

2）発達障害者支援センター

　都道府県・指定都市で運営される発達障害者支援センターは、発達障害者支援法で定められており、以下の業務を行っています。

> ・発達障害者及び家族に対して、専門的な相談、助言の実施
> ・発達障害者に対する専門的な支援、就労支援の実施
> ・保健、医療、福祉、教育等の関係機関、民間団体に対する情報提供、研修の実施
> ・保健、医療、福祉、教育等の関係機関、民間団体との連絡調整

3 就労支援に関する社会資源

　日本で障害者が就労するという場合、主に、いわゆる福祉的就労（障害者総合支援法下等での施設）で働く場合と、一般企業で事業主と労働者とが雇用契約を結び働く場合に分かれます。後者については「雇用」「一般就労」ともいわれます。本節では、障害者雇用の支援（一般就労に向けた支援）に関する制度や社会資源について見ていきます。

(1) 障害者雇用促進法の概要

　障害者雇用に関する基本的な法律は「障害者の雇用の促進等に関する法律」（以下、障害者雇用促進法）です。この法律では、①法定雇用率制度、②障害者雇用納付金制度、③職業リハビリテーションについて規定しています。

1）法定雇用率制度

　企業の事業主に対して、その雇用する労働者に占める身体障害者・知的障害者・精神障害者の割合が一定率（法定雇用率）以上となるよう義務付けるものです。事業所が民間企業なのか、官公庁等なのかで設定されている法定雇用率は異なりますが、2019年現在、民間企業の法定雇用率は2.2％となっています。 表9

表9　法定障害者雇用率（2019年現在）

民間企業	2.2%
国、地方公共団体等	2.5%
都道府県等の教育委員会	2.4%

※　2021年4月までに、それぞれ0.1％ずつ引き上げとなる

　この法定雇用率は大まかにいえば、全常用労働者と失業者の合計を分母とし、常用労働者及び失業中の身体障害者、知的障害者及び精神障害者の人数の合計を分子とする割合から設定されたものです。なお、法定雇用率制度上における実雇用率の対象障害者とは、身体障害者手帳、療育手帳、精神障害

者保健福祉手帳の所有者となっています。

　企業規模が大きい等の理由で法定雇用率を達成するのが容易でない場合もあります。このような場合への対策として、特例子会社制度が設けられています。これは、事業主が障害者の雇用に特別の配慮をした子会社を設立し、一定の要件を満たす場合には、特例としてその子会社に雇用されている労働者を親会社に雇用されているものとみなして、その企業の実雇用率を算定できる、という制度です。2017年6月現在で、特例子会社は全国で464社あります。

　また、中小企業の障害者雇用の取り組みが停滞している状況にあるため、先進的な取り組みを進めている事業主が社会的なメリットを受けることができるよう、障害者雇用に関する優良な中小事業主に対する認定制度が、障害者雇用促進法の一部改正によって、2020年より創設されます。

２）障害者雇用納付金制度

　障害者雇用に伴う事業主の経済的負担の調整を図り、また障害者の雇用水準を引き上げる機能をもつ障害者雇用納付金制度が定められています。すなわち、障害者雇用をする上で必要な作業改善や特別な配慮を行うと経済的負担がかかる場合があり、法定雇用率を守っている企業とそうでない企業との間で、経済的負担のアンバランスが生じることがあります。

　そこで、法定雇用率を満たしていない事業主から障害者雇用納付金を徴収するとともに、その納付金を財源として、法定雇用率以上の障害者雇用を行っている事業主に障害者雇用調整金等を支給したり、各種助成金等の支給を行うというのが、本制度の概要です。

　なお、障害者雇用納付金を支払うことで企業の事業主が雇用義務を免れることができる、ということではありません。まず、ハローワークより法定雇用率達成指導が企業の事業主に行われますが、それでも改善がみられず国の勧告にも従わなかった場合、最終的には厚生労働大臣がその企業名を公表することとなります。

３）職業リハビリテーション

　職業リハビリテーションとは、障害者雇用促進法では「障害者に対して職

業指導、職業訓練、職業紹介その他この法律に定める措置を講じ、その職業生活における自立を図ること」とされています。同法では、職業リハビリテーションの専門機関として、次項で紹介する「ハローワーク（公共職業安定所）」、「障害者職業センター」、「障害者就業・生活支援センター」の、障害者雇用促進に関する業務が規定されています。また、2013年に改正され2016年より施行された、雇用場面における差別禁止・合理的配慮の提供についても規定しています。

⑵　職業リハビリテーションの専門機関

　次に、前述の3つの専門機関及びその他の機関について見ていきます。

1）ハローワーク（公共職業安定所）

　職業安定法に基づき設置・運営されている職業紹介事業を行う機関で、国が所管しています。無料で、職業紹介や就職支援のサービス、その他雇用保険に関する各種の手当や助成金の支給、公共職業訓練のあっせんを行っています。

　ハローワークは、障害者雇用支援の事業のみを行っている機関ではありませんが、全国に500カ所以上あり、地域の就業支援の中心的な役割を果たしています。障害者に対する事業内容としては、「職業相談・職業紹介」、「障害者向け求人の確保・開拓」、「障害者雇用率達成指導と結びついた職業紹介」、「関係機関との連携」、「企業に対する助成金」等です。なお、ハローワークの規模にもよりますが、障害者や低所得者など、配慮を必要とする求職者のための専門の窓口を、一般の求職者窓口と分けて設置しているハローワークも多く見受けられます。

　専門職としては、求職者と接する「職業指導官」、障害者専門の窓口にいる「精神障害者雇用サポーター」、企業に対する指導を行う「雇用指導官」等がいます。

2）地域障害者職業センター

　障害者雇用促進法で規定され、独立行政法人高齢・障害・求職者雇用支援機構が運営する機関です。障害者職業センターには、

(a) 障害者職業総合センター（高度の職業リハビリテーションに関する研究・開発や専門職の養成・研修などを行う）

(b) 広域障害者職業センター（併設されている障害者職業能力開発校や医療機関等と連携し、職業評価、職業指導、職業訓練等の職業リハビリテーションサービスを提供。全国で2カ所）

(c) 地域障害者職業センター（全国47都道府県に設置され、5つの支所がある）の3種類があります。

　地域障害者職業センターでは、障害者に対するサービスとして「職業評価・職業指導」、「職業準備支援」、「知的障害者判定・重度知的障害者判定」、企業に対するサービスとして、「障害者の新規雇い入れ・休職者の職場復帰等に係る様々な支援」、障害者及び事業主に対するサービスとして、「ジョブコーチによる支援」や、職場復帰（リワーク）支援などの「精神障害者総合雇用支援」を行っています。

　また、障害者職業センターには障害者職業カウンセラー、配置型の職場適応援助者（ジョブコーチ）等の専門職がいます。

3）障害者就業・生活支援センター

　障害者の身近な地域で、就業面と生活面の一体的な相談・支援を行う機関です。就業面に関しては障害者に対し「職業相談」や「実習・職業準備訓練のあっせん」を行ったり、企業に対しては「障害特性を踏まえた雇用管理に関する助言」等を行っています。また生活面に関しては「日常生活・地域生活に関する助言」を行っています。また双方の業務を行う上で、「関係機関との連絡調整」も重要な要素となっています。

　2019年6月現在で全国に334カ所あり、都道府県知事が指定する社会福祉法人や一般社団法人等により運営されています。

　就業支援担当者と生活支援担当者が在籍しており、それぞれ就業面と生活面を担当しています。

4）その他

　障害者雇用促進法で規定されているのは上記3種類の機関ですが、障害者の一般就労に向けた支援はこれらの機関でのみ行われているわけではありま

せん。Step 2 1（2）の障害者総合支援法で説明のあった「自立支援給付」
の中の訓練等給付の一つの事業である「就労移行支援事業」では、特に利用
者の雇用・一般就労を目指した支援が行われています。また、「職業能力開
発（職業訓練）」分野でも、障害者専門の職業能力開発校（全国で計19校）
の設置、一般の公共職業能力開発施設のバリアフリー化を推進し障害者の入
校を促進する等の取組が行われています。また、東京都ではほとんどの市区
町村で「障害者就労支援センター」を設けるなど、自治体独自で障害者の一
般就労のための支援機関を設けている場合もあります。

　加えて、厚生労働省の施策ではありませんが、障害のある児童・生徒のた
めの「特別支援学校」では特に高等部において生徒の雇用・一般就労を目指
した進路指導・支援が行われています。その他、「発達障害者支援センター」、
「難病相談・支援センター」等でも一般就労に向けた支援が行われています。

日本の障害者支援制度の全体像を知ろう

1 障害者福祉を支える基本理念

(1) サービス利用者中心とは

　障害者福祉の流れをおおまかに表すと、障害者への見方が、哀れみの対象から保護・収容の対象へ、教育・訓練の対象から自立生活の主人公へと変化してきました。その根底を流れている変化として、サービスの対象者からサービスを利用する主体への変化があります。1990年代半ばから始まり介護保険制度を生み出していった一連の社会福祉基礎構造改革も、これまでの社会福祉制度を見直し、サービス提供者中心の価値観からサービス利用者のニーズ中心の価値観への転換を提唱しています。

　以下に取り上げる、ノーマライゼーションとインクルージョン、リハビリテーション、自立とエンパワメントの考え方は、障害者福祉の歴史を考える上で、サービス利用者中心に至る今日の障害者福祉政策の変化の背景の理解に役立ちます。

(2) ノーマライゼーションとインクルージョン

　バンク・ミケルセン（デンマーク）が知的障害者をもつ親の会の運動に関わる中で、世界で初めてノーマライゼーションの原理が入った1959年法の制定に関わったことがノーマライゼーションの始まりとされています。バンク・ミケルセンのノーマライゼーションの特徴は、障害者（特に知的障害者）も一般市民と同じ条件で援助されるべきであるという点です。バンク・ミケ

ルセンの考えに一貫していることは、知的障害者をノーマルにするのではなく、知的障害者の生活条件をノーマルにしていく環境の提供です。

　ニィリエ（スウェーデン）は、バンク・ミケルセンの考えの影響を受けながらノーマルな社会生活の条件を、ノーマルなリズム、ノーマルな理解と関係、ノーマルな生活基盤といった領域にまとめています。その後、障害者自身の自己決定の問題への関心と統合（知的障害者も一般市民と同じような生活ができる社会的な統合）の問題の2つに関心を深めていきました。

　ヴォルフェンスベルガー（アメリカ）は知的障害者を社会から逸脱している人として捉える社会意識のあり方を問題視しました。知的障害者を逸脱者として捉えることは社会から価値を低められた人としてみなすことであり、いかにその価値を高めていくか、社会的な役割を実現していくかが重要であるとし、知的障害者の「社会的役割の実現」をノーマライゼーションに代わる考え方として重視しました。そしてこの社会的役割の実現を高める戦略として知的障害者自身の能力を高めることと、社会に対する知的障害者のイメージを高める働きかけを行うことの2つを重視しました。

　この3人のノーマライゼーションの考え方に共通しているのは、障害者自身よりもむしろ障害者のおかれている生活条件や生活環境といった社会環境に焦点を当て問題を捉えようとする点です。今日では障害者福祉施策の基盤となる思想として広く受け入れられている考え方ですが、ノーマライゼーションが提唱された時代とその背景から見ると、この思想はこれまでの価値観（入所施設を中心に障害者を処遇していた価値観）を根本的に変える社会変革に結びつく急進的な思想であることが理解できます。

　インクルージョンの考え方は、もともと教育分野で、インクルーシブ教育の観点で使われてきました。インクルーシブ教育は、障害児そのものを選別して教育するのではなく、障害児の特別なニーズに対応する柔軟な教育の場

（プログラム）を提供し、ニーズに応じて選択することを重視しています。この考え方は、教育にとどまらずに、社会福祉全般に使用されるようになり、ソーシャルインクルージョン（社会的包摂）といわれています。

　ソーシャルインクルージョンは、障害者、高齢者、児童といったカテゴリーによるサービス提供ではなく、全ての市民の特別なニーズ（障害により派生するニーズ、高齢により派生するニーズ等）に対応するためのサービス、社会的な活動、社会資源の創出を目指します。障害者基本法、障害者総合支援法では、このような方向を目指した取組を「共生社会の実現」という表現で示しています。

⑶　リハビリテーション

　「リハビリテーション」は、もともと、私たちがイメージしている医療の領域に限定して使う言葉ではなく、「一度失った地位、特権、財産、名誉などを回復すること」の意味が含まれています。リハビリテーションを医療の分野の言葉として定着させる上で、第1次世界大戦の戦傷者に対しての社会復帰活動の果たした役割は大きく、さらに、第2次世界大戦での戦傷者に対する疾病・障害管理や社会復帰活動は決定的に重要な役割を果たしました。

　この医療の分野におけるリハビリテーションの導入は、戦傷者の社会復帰対策から生じ、多くの成果をもたらしましたが、戦傷者の場合は年齢が若く、肢体不自由を中心とした運動機能に障害をもつことが多いので、運動機能回復訓練を中心に進められる傾向が見られました。このことは、この言葉の本来もつ人間としての尊厳を考える意味を後退させ、運動機能回復訓練として狭く捉える傾向を助長してきました。

　第2次世界大戦以降、リハビリテーションの対象者は、戦傷者が減少し、代わって高齢者などの疾病による障害者、視覚・聴覚等の感覚機能障害、精神障害者等、対象が広がりました。そのため、リハビリテーションを運動機能回復訓練として狭く捉えることでは、現実に合わなくなってきました。ま

た、1960年代のノーマライゼーション思想の展開、1970年代の自立生活運動（後述）の展開によって、障害者の人権、自己決定権をリハビリテーションの援助においても意識する状況が生じてきたのです。

　このような変化は、リハビリテーションが本来もっていた意味としての「全人間的復権」を、リハビリテーションの目標として再び認識する契機となりました。「全人間的復権」をリハビリテーションの目標にすることは、生活の質、生きがいのある人間的な生活の実現、社会参加の実現、を含めた幅広い捉え方や評価の視点が必要になります。換言すれば、障害者の個別的な生活や人生の多様な側面の全体的な質を重視し、そこからニーズの把握や評価の視点を構成して、支援をしていく取り組みとして位置付けることができます。

　また、リハビリテーションは、医学的リハビリテーション、教育的リハビリテーション、職業リハビリテーション、社会リハビリテーションの4つの分野に広がっているため、リハビリテーションに関わる専門職の種類は非常に多いことも特徴的です。したがって、各分野が相互に関連しながら支援を行っていくことが必要になります。そのためには、チームアプローチが非常に重要です。チームアプローチで重要なのは、それぞれの専門職における専門的な力量だけでなく、チームを調整し、まとめていく役割です。特に、医療機関や施設内におけるリハビリテーション以上に地域におけるリハビリテーションではサービスや社会資源の調整が重要になります。そのため、地域でのリハビリテーションの実践はケアマネジメントの取り組みに限りなく近いものになってきています。

(4) 自立とエンパワメント

　自立生活運動は、1960年代のアメリカにおける障害のある学生の運動から始まりました。この運動は公民権運動やノーマライゼーション思想と供にア

メリカ全土に広まって、障害者運動に新しい考え方を吹き込みました。

　自立生活運動の主張としては、これまで医療で絶対視されていた「ADL（日常生活動作）の自立」という自立観から「QOL（生活の質）の充実」を自立として考えることへの価値観の移行を意味している点で重要です。さらに、今日では、この考えをより推し進めた形で、障害者の自己決定権と選択権が最大限に尊重されている限り、たとえ全面的な介助を受けていても人格的には自立していると考える風潮が出てきました。これはどんな重度の障害者でも自立はあり得ることを理念的に示している点で重要です。

　エンパワメントとは、問題を抱えた人自身が自己決定（意思決定ともいいます）、問題解決能力をつけていくという考え方で、様々な領域で重視されてきています。

　自立生活運動は、元来、専門家主導の援助のあり方に対しての批判運動としての特徴がみられ、これまでのサービス提供の仕方は、サービス利用者である障害者の自己決定や問題解決の力を奪い、障害者をパワレスの状態にしていると考えます。そして、この状態を克服するため、障害者自身がエンパワメントしていく考えを重視しています。したがって、自立生活運動の目指す障害者像は、エンパワーされ自立した主体的な生活者像になります。しかし、現実の障害には、知的障害や精神障害などによって、自らの意志を明確にし、主張していくことが困難な障害者もいます。このことに関して、自立生活支援（自己決定能力を支えていく）を行う支援者（エンパワメントを支援する支援者）の重要性がいわれており、これからの対人サービスに関わる専門性には、このような支援者像が必要になってきています。

2 日本の障害者支援制度のこれまで

(1) 国際障害者年（1981 年）までのあゆみ

　第2次世界大戦直後、障害者に対しては、収容保護が中心でした。1946
年に日本国憲法が公布され、生存権保障としての基本的人権が明確になりま
した。このことは、障害者への福祉施策は国家による公的な責任によってな
されるという原則を示した点で重要です。1949 年には身体障害者福祉法が
成立し、1950 年から施行されました。この法律はわが国の障害者福祉の法
律としては最初のもので、これまで貧困対策の範囲で扱われてきた障害のあ
る人への施策から、障害のある人への福祉対策が分離された点で大きな意義
があります。

　第2次世界大戦直後の知的障害者対策は知的障害児が中心であり、知的障
害児対策は、戦災孤児、浮浪児、貧困家庭児問題の中の一部でした。1947
年に児童福祉法が成立しました。この時の児童福祉法における対策は、知的
障害児を保護収容し、自立可能な訓練を行うことを目的とした施設を設置す
ることが中心的でした。しかし、知的障害児対策が中心であることで、現実
との矛盾も生じました。最大の矛盾は知的障害児施設の中で 18 歳以上の障
害者が増加し続けた問題でした。この問題によって成人期の知的障害者への
対策を、児童福祉法とは別に独自に法制度化する必要性が高まり、成人期の
知的障害者への対策のために、1960 年に知的障害者福祉法が成立しました。

　知的障害者福祉法の制定（1960 年）から国際障害者年（1981 年）の 20 年
間は、高度経済成長期の影響を受けた障害者福祉政策の展開の時期として考
えることができます。この時期は、身体障害や知的障害といった障害の種類
に応じた福祉施策の展開と、入所施設の整備を中心とした入所施設推進政策
の展開の2つの側面から特徴付けることができます。

⑵　国際障害者年(1981年)から社会福祉基礎構造改革までのあゆみ

　国連は、1975年に「障害者の権利宣言」を採択しました。この宣言では障害者の基本的な人権を確認するとともに、市民権、政治的参加権、医学的・教育的・職業的・社会的リハビリテーションを受ける権利、経済的保障を受ける権利、社会的な活動への参加、等の諸権利の保障を各国に求めています。この宣言だけでは各国の具体的な取り組みにあまり大きな効果が期待できないので、この宣言の趣旨にそって具体的な行動を各国が起こすように働きかける必要がありました。そこで国際障害者年を定め、国際的な行動計画を決議しました。この時、主題として掲げられた言葉は「完全参加と平等」です。

　国は、この国際障害者年の理念に基づいた制度改革として、1984年に身体障害者福祉法の改正を行い、国際障害者年の考えを意識し身体障害者福祉法の理念の変更をしました。

　知的障害者福祉の国際障害者年以降の動きは、ノーマライゼーションによって、これまでの入所施設の整備政策が批判されたため、在宅福祉政策を重視する姿勢を示しました。1989年にはグループホームの制度化を行い、知的障害者の入所施設以外の居住の場を作り出した点が重要です。

　精神障害者福祉では、国際障害者年の影響に加えて宇都宮病院事件＊も大きな影響を与えました。

＊**宇都宮病院事件**
　1984年、医療法人報徳会宇都宮病院において、患者への暴力、無資格診療の実態が明らかになった事件。この事件により日本の精神医療の実態、人権状況に関して、国際的な批判を受けた。

　この事件によって、精神医療の人権的な問題が明らかになり、これまでの精神障害者対策の見直しが必要になりました。1987年には「精神衛生法」が「精神保健法」に改正され、社会復帰施設が制度として位置付けられ、さらに、1995年には「精神保健福祉法」に改正されました。

　障害者福祉分野で地域福祉施策重視への転換が生じたのは、1990年の福

祉関係8法の改正でした。この改正では身体障害者福祉法、知的障害者福祉法の2法が障害者福祉分野の改正の対象になりました。身体障害者福祉法では、身体障害者更生援護施設の入所決定権を町村へ委譲し、在宅福祉サービスを制度として明確にしました。また、知的障害者福祉法では、都道府県の行っていた業務権限を指定都市へ委譲し、在宅福祉サービスを制度として明確にしました。この改正により、これまでの入所施設に比べて比重の低かった在宅福祉サービス整備方針を明確にし、市町村に各種の福祉サービスの措置権限を、身体障害者福祉、知的障害者福祉等の分野別に段階的に委譲する方針が打ち出されました。

1993年には障害者基本法が改正成立し、精神障害者を障害者として明確に位置付け、精神障害者への福祉サービスの論拠が示されました。加えて、都道府県や市町村の障害者基本計画策定も示されました。この障害者基本法の障害者基本計画策定の規定を受けて、1995年に、国の障害者プラン（ノーマライゼーション7か年戦略）が発表されました。また、市町村障害者計画策定指針に基づいて、市町村においても障害者計画の策定の取り組みが進展し、自治体（市町村）の責任で必要な施設や人材を整備していくという行政責任による方向性が障害者福祉分野でも明確にされました。

(3) 社会福祉基礎構造改革から障害者総合支援法へのあゆみ

1997年から社会福祉基礎構造改革と呼ばれる一連の改革が実施され、2000年には社会福祉事業法を中心とした法改正が行われました。この改正で、社会福祉事業の今後のあり方に影響した重要な点は次の3点です。
① 措置による福祉制度から契約による福祉制度への移行
② 社会福祉法人の設立要件の緩和、多様な事業主体の参入促進
③ サービスの情報公開と第三者によるサービスの評価
この考え方を受けて、2003年には支援費制度（身体障害者福祉、知的障害者福祉における契約制度の導入）が施行されました。その後、2005年に

はこれまでの障害者制度の根底を改革する「障害者自立支援法」が成立しました。ただし、「障害者自立支援法」成立から施行の期間の短さもあり、施行後すぐに、様々な方面から「障害者自立支援法」の見直し、改善の要求が強まりました。

　Step 2 1（1）でも述べましたが、障害者自立支援法に代わる法律が2012年に「障害者総合支援法」として成立し、2013年より施行されました。障害者総合支援法では、難病を対象にしたこと、介護給付・訓練等給付に分かれていたケアホームとグループホームの一元化、重度訪問介護の利用拡大、障害福祉計画の定期的な見直しによるサービス基盤の整備などが示されました。法施行後3年（2016年度）を目途とする検討事項として、常時介護を必要とする人の支援のあり方、障害程度区分を含めた支給決定方法のあり方、意思疎通に支障のある人の支援のあり方などが示されました。

(4)　障害者総合支援法施行後の変更事項

　法施行後の改正では（障害者自立支援法で用いられた）障害程度区分が障害支援区分に（2014年度から）変更されました。「障害の程度」ではなく、「標準的な支援の度合を示す区分」に変更することを目的としています。障害者自立支援法では、使用された障害程度区分の項目があまりにも機能障害に力点をおいており、本来の目的が達成されなかったという経緯があります。特に、知的障害、精神障害に関しては支援の必要性の測定には妥当な項目ではないといった批判が多くなされ、障害程度区分の変更は大きな懸案になっていました。そのため、障害者総合支援法では、障害程度区分の項目の見直しを行い、それに代わる障害支援区分を導入したのです。

　また、グループホームとケアホームを2014年度より統合して、グループホームに一元化しました。地域生活支援の要となるグループホームが軽度者から重度者に至るまで対応し、地域の中で幅広く整備されることは、入所施設からの地域移行、家庭からの自立生活の推進にとって極めて重要な施策で

す。このことに関しては、従来認められなかったグループホームへの外部の
居宅サービスの柔軟な利用、本体グループホームと連携するサテライト型の
居住といった取り組みも認められました。

　障害者総合支援法では、3年ごとの障害福祉計画の策定が都道府県・市町
村に義務付けられており、第5期障害福祉計画（2018年度〜2020年度）の
策定が都道府県・市町村によりなされました。この計画は、2016年の障害
者総合支援法の改正を受けて策定された最初の障害福祉計画です。この計画
の成果目標として次の5点の重点目標が国により示されました。

① 　福祉施設入所者の地域生活への移行
② 　精神障害に対応した地域包括ケアシステムの構築
③ 　障害者の重度化・高齢化、「親亡き後」を見据えた地域生活支援拠点の
　　整備
④ 　福祉施設から一般就労への移行
⑤ 　障害児支援の提供体制の整備

　①福祉施設入所者の地域生活への移行では、施設入所者数の削減に関する
目標値を、2020年度末時点での施設入所者を2016年度末時点での施設入所
者数（新規入所者を含めた入所者数）から2％以上削減するとしており、こ
れまでの第3期障害福祉計画の10％、第4期障害福祉計画の4％に比べて、
かなり低い目標値の設定になっています。その理由として、厚生労働省によ
れば、入所者の障害の重度化、高齢化による入所者の地域移行を推進するこ
との困難さが指摘されています。これに加えて、重度化に対応したグループ
ホーム（2016年に制度化された日中サービス支援型グループホーム等）の
未整備、在宅者の地域生活を支援する地域生活支援拠点の未整備により施設
入所ニーズが依然として一定数見込まれることから、第5期障害福祉計画で
は低い目標となっています。ただし、このような低い目標でも、新規入所者
がこれまでの水準で入所すると、その達成が困難であり、地域での支援体制

を強化して、新規の入所者を抑制する取り組みが必要となっています。

　新規の入所者を抑制するためには、施設入所の大きな原因である「親亡き後」も地域で継続的に生活できることが必要です。そのために、③の成果目標である地域生活支援拠点の整備を市町村あるいは圏域に1カ所以上設置することを義務付けました。この地域生活支援拠点の機能としては、相談支援（地域移行、家庭からの自立等）、地域生活の体験の機会・場（一人暮らし、グループホーム生活）、緊急時の受け入れ（短期入所等）、専門性のある人材の確保・育成、地域の体制づくり（サービス調整、コーディネーターの配置）の5点があげられています。

　精神科病院からの地域移行に関しては、従来からの1年以上の長期入院患者数に対する地域移行目標の設定、早期入院率の目標設定に加えて、②にある精神障害者に対する地域包括ケアの推進が新たに示されています。その内容は、障害保健福祉圏域および市町村において精神障害者に関わる保健・医療・福祉の関係者による協議会の設置であり、そのことによって、関係機関の連携を図ることとしています。

　その他、第5期障害福祉計画では、④の成果目標として、2016年度末の一般就労実績の1.5倍の一般就労を推進していくことが挙げられ、⑤で、第4期までの障害福祉計画で示されてこなかった障害児に関する成果目標を示し、サービス基盤の整備目標を示しました。

ケーススタディ編

Case 1

65歳になる利用者の、障害福祉サービスから介護保険サービスへの移行。障害特性にあったケアプランの立て方って？

- 65歳到達時の障害福祉サービスから介護保険サービスへの移行
- 介護保険サービスに該当サービスがない障害福祉サービスの利用
- 障害の特性（聴覚障害）とそのニーズを捉えたケアプラン

事例の概要

松山タロウさん（仮名、64歳）男性　独居

- 障害程度：聴覚障害、上肢機能障害
- 障害支援区分：区分4⇒　要介護度：要介護1
- 手帳：身体障害者手帳2級
- 家族：他県に住む妹（58歳）
- 利用中のサービス
  ：居宅介護（週3）　就労継続支援B型（週5）　訪問看護（週1）

　松山タロウさんは聴覚障害、身体機能障害があり、障害福祉サービスの居宅介護（週3回、家事援助）と就労継続支援B型事業（週5日・通所）、医療保険の訪問看護（週1）を利用しています。数カ月後に65歳の誕生日を迎え、介護保険サービスへの移行を控えていますが、タロウさんや家族は、訪問介護員の訪問回数が減ることや、相談支援の担当者がこれまでの相談支

援専門員からケアマネジャーに変わってしまうことなどを懸念しています。

　タロウさんや家族の希望に応えた、より効果的なサービス提供とはどのようなものでしょうか。

生活に対する意向など、本人の意向をきちんと捉えることができている？

こんなケアプランで大丈夫？

第1表		居宅サービス計画書（1）	作成年月日	年	月	日

初回 ・ 紹介 ・ 継続　　　認定済 ・ 申請中

利用者名 松山タロウ　　殿　　生年月日　年　月　日　　住所

居宅サービス計画作成者氏名

居宅介護支援事業者・事業所名及び所在地

居宅サービス計画作成（変更）日　　　年　月　日　　初回居宅サービス計画作成日　　年　月　日

認定日　　年　月　日　　認定の有効期間　　年　月　日 ～ 　年　月　日

要介護状態区分　　要支援　要支援1 ・ 要支援2 ・ 要介護1 ・ 要介護2 ・ 要介護3 ・ 要介護4 ・ 要介護5

利用者及び家族の生活に対する意向
・以前、何度か病気で入院したことがあり、年齢とともに体調に不安を感じている。
・今の作業所での仕事は忙しく、少し疲れてしまう。
・無理をせず、健康に気を付けてほしい。（妹）

介護認定審査会の意見及びサービスの種類の指定

統合的な援助の方針
①健康に過ごすため、毎日の食事や服薬がきちんと行われ、安心して一人暮らしができるように支援します。
②デイサービスに通い、身体機能の維持を図りながら、ゆっくりと過ごすことができるように支援します。
緊急連絡先　妹　○○様

生活援助中心型の算定理由　1 一人暮らし　2 家族等が障害、疾病等　3 その他（　　　）

居宅サービス計画について説明を受け、内容に同意し交付を受けました。説明・同意日　年　月　日　利用者同意欄　印

「②デイサービスに通い、身体機能の維持を図りながら、ゆっくりと過ごすことができるように支援します」
⇒　デイサービスの利用は、本人のニーズに合っている？

ケアマネジャーの悩み

コミュニケーションが難しい。
希望やニーズを捉えきれている？

　プラン作成に当たって、ケアマネジャーがまず感じた不安は、タロウさんとの会話です。耳の聞こえない人とどのようにコミュニケーションをとればよいのかわかりません。手話通訳者を介してのやりとりを始めましたが、首を傾げたり、顔をしかめたりする様子が何度か見られ、本人の気持ちを十分聞き取ることができているか心配です。

　会話のやりとりがうまくできていないため、タロウさんの意向やニーズをきちんと捉えてケアプランへ結び付けているか不安が残ります。この他にも、聴覚障害によりどのようなニーズがあるのか、生活上どのような困難が生じるのか想像がつきません。

問題解決のためのアドバイス

　障害によりコミュニケーションが難しい利用者への支援は、障害の特性を理解し、その人に応じたコミュニケーションの方法を模索しながら、良い支援関係を作っていくことが非常に大切になります。

解説

65歳になる時の介護保険制度への移行

　障害福祉サービスの利用者にとって、介護保険サービス移行への理解は容易ではないでしょう。相談の担当者が変更になるうえ、利用サービスの見直しや自己負担などが発生する場合があります。65歳誕生日の3カ月前から要介護認定の申請が可能ですが、時間をかけながら利用者の不安を取り除き、移行への準備を進めていきましょう。移行前の準備を担当するのは、自治体の障害福祉担当や担当の相談支援専門員になります。相談支援専門員は、モニタリングなどでタロウさんへ介護保険への移行について十分説明していきます。また、引き継ぎの際には、本人の了解を得たうえで、利用者の状態や障害福祉サービスの利用状況等が記載されたサービス等利用計画を引き継ぎ先の居宅介護支援事業所へ提出します。

　タロウさんの事例は、あらかじめ65歳時点での移行がわかっていますが、移行への理解が難しいと思われるため、早い段階から準備を進めていく必要がありそうです。相談支援専門員からの引き継ぎがない場合は、居宅介護支援事業所から情報提供を求めていきましょう。

聴覚障害者とのコミュニケーション

　聴覚障害者とのコミュニケーションは手話を介して行うことが基本です。そのため、手話通訳者の同行は常時必要になります。会話の際、物事の説明には短くわかりやすいフレーズを使用しましょう。また、手話通訳者と話をしてもらうのではなく、自分が直接話をするという姿勢が大切です。身振りや表情、口の動きによるメッセージを多用するといいでしょう。挨拶などの簡単な手話を覚えて、直接やりとりすることも関係作りをする上での工夫です。

聴覚障害者のニーズとは？
利用できるサービスは何がある？

　タロウさんは、就労継続支援Ｂ型事業という障害福祉サービスを利用しています。事業所は、木材の機械加工が主な仕事内容で、利用者は身体障害者が中心です。身体機能の低下が進んでいるため、他の利用者と同じような作業はできないのですが、長年の経験をいかし、作業補助などを行っています。無理をさせたくないという妹の希望も考慮し、身体機能の維持向上を目的として介護保険サービスであるデイサービスへの通所を提案しました。本人と一緒にデイサービスを見学したのですが、通うことについてあまり乗り気ではないようです。本人のニーズとしてデイサービス利用がふさわしいのか悩むところです。

　また、タロウさんは、障害福祉サービス以外にも聴覚障害者が利用できる制度やサービスを利用しているようです。タロウさんの一人暮らしを支えるケアプラン作成を考えた時、障害者が利用できる制度やサービスについて網羅できているか不安です。

問題解決のためのアドバイス

　65歳到達による介護保険移行は、あくまで制度上の問題です。利用者の年齢という区切りを契機に、支援を引き継ぐケアマネジャーは、本人の意向を中心に据え、それまでの支援計画や障害福祉サービスについての継続性を意識しながら、新しいケアプランの作成に当たることが望まれます。

解説

障害福祉サービスと介護保険サービス

　タロウさんの場合、介護保険サービスが優先になるのは居宅介護（介護保険サービスでは訪問介護）サービスになります。要介護1のため、利用回数は変わりませんが、1回の利用時間は短くなりました。利用していた訪問介護員事業所は、介護保険サービスにも対応しているため、変更をしなくて済みました。障害福祉サービスのみ提供している事業所もあるため、その際は事業所を変更する必要があります。週1回利用の訪問看護は、医療保険から介護保険に変更になりましたが、サービスの量や内容は変わりません。

　就労継続支援B型事業は、介護保険にはない障害福祉サービス固有のサービスです。一般就労が困難な障害者へ就労機会を提供することなどを目的としています。事業所により支援内容は異なりますが、作業に応じて工賃を得ることができます。

障害の特性を捉えたプラン作成

　タロウさんのプラン作成において重要な視点がいくつかあります。1つは、本人の希望である仕事へのやりがいを尊重し、今までの生活スタイルを大切にしていく視点です。介護の必要性から新しいサービスの検討は必要ですが、本人の意に反した環境の変化は、負担が大きい場合があります。まずは利用している障害福祉サービスの中で何ができるかを考えたいところです。

　また、聴覚障害者の一人暮らしの不安を十分に受け止めながら、支援を組み立てていく視点も重要です。障害福祉サービス以外にも、日常生活用具の利用など自治体ごとに定められた制度やサービスがあり、タロウさんの場合、音を視覚的に理解できる屋内信号装置やFAXなどを利用して一人暮らしを続けています。

　障害者が利用できる様々な制度やサービスについてもプランを作成する上で理解しておく必要があるでしょう。

問題解決のためのケアプラン

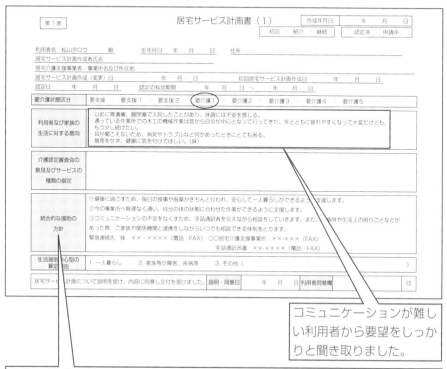

第1表		居宅サービス計画書（1）	作成年月日	年 月 日
			初回 ・ 紹介 ・ 継続	認定済 ・ 申請中

利用者名 松山タロウ 殿　　　生年月日 年 月 日　住所
居宅サービス計画作成者氏名
居宅介護支援事業者・事業所名及び所在地
居宅サービス計画作成（変更）日　　　年 月 日　　　初回居宅サービス計画作成日　　　年 月 日
認定日　年 月 日　　認定の有効期間　　　年 月 日 ～ 年 月 日

要介護状態区分	要支援　要支援1　要支援2　（要介護1）　要介護2　要介護3　要介護4　要介護5
利用者及び家族の生活に対する意向	・以前に胃潰瘍、腸閉塞で入院したことがあり、体調には不安を感じる。 ・通っている作業所での木工の機械作業は昔から自分が中心となって行ってきた。年とともに疲れやすくなって大変だけども、もう少し続けたい。 ・耳が聞こえないため、病気やトラブルなど何かあったときにとても困る。 ・無理をせず、健康に気を付けてほしい。(妹)
介護認定審査会の意見及びサービスの種類の指定	
統合的な援助の方針	①健康に過ごすため、毎日の食事や服薬がきちんと行われ、安心して一人暮らしができるよう支援します。 ②今の事業所へ無理なく通い、自分の体の状態に合わせた作業ができるように支援します。 ③コミュニケーションの不安をなくすため、手話通訳者を交えながら相談をしていきます。また、緊急時や生活上の困りごとなどがあった際、ご家族や関係機関と連携をしながらいつでも相談できる体制をとります。 緊急連絡先　妹　××-×××× (電話・FAX)　○○居宅介護支援事業所　××-××× (FAX) 手話通訳派遣　××-×××× (電話・FAX)
生活援助中心型の算定理由	1．一人暮らし　　2．家族等が障害、疾病等　　3．その他（　　　　　）

居宅サービス計画について説明を受け、内容に同意し交付を受けました。	説明・同意日	年 月 日	利用者同意欄	印

コミュニケーションが難しい利用者から要望をしっかりと聞き取りました。

方針：「自分の体の状態に合わせながら、無理をせずに今の仕事を続けることができるように支援していきます」
⇒　本人の意向やニーズを捉え、障害福祉サービスの利用継続を方針としました。
方針：「コミュニケーションの不安をなくすため、手話通訳者を交えながら相談をしていきます。また、緊急時や生活上の困りごとなどがあった際、ご家族や関係機関と連携をしながらいつでも相談できる体制をとります」
⇒　耳の聞こえないタロウさんが不安に感じる点を中心に支援を考えました。
⇒　緊急連絡先を明記しました。タロウさんの連絡手段はFAXになります。

86

ケアプランの援助方針

　最初のケアプランでは、身体機能の維持を図りながら、ゆっくり過ごすことができるように介護保険のデイサービス利用を提案しています。しかし、本人との面談を重ね、改めて希望について丁寧に聞き取っていくと、現在の就労継続支援B型事業所の作業を続けていきたいということがわかりました。事業所でのタロウさんは、誰よりも熱心に作業へ取り組み、スタッフや他の利用者と良好な関係を築いていたようです。長年タロウさんを支援してきたスタッフからも、本人の作業へのやりがいを大切にすることで、気持ちに張りが出るなど心身面への良い効果が期待できるとの意見がありました。これらのことを総合的に判断し、事業所の利用を継続していくことを支援方針としました。また、これを機に事業所内の支援内容を見直すことにしています。

　次に、聴覚障害者の一人暮らしを支えていくための支援方針です。タロウさんが安心して生活していくために最も必要なサービスは、耳の聞こえない人へのコミュニケーション支援になります。本人の不安を取り除くために常に手話通訳者を交え、意思疎通を円滑に図ることができるように支援します。また、聴覚障害者は、日常生活におけるあらゆる情報について視覚を中心に捉えなければなりません。そのため、FAXやテレビ、人の気配や音などを知らせる信号装置など自宅の情報環境について常に整備しておく必要があります。

　その他にも、緊急時の連絡ルートや連絡手段をしっかりと決めておき、ケアマネジャーが中心となって関係機関とこまめに情報共有をしていきます。何かあった際には、遠方に住む妹と連絡をとり、迅速に対応できる体制を考えています。

　医療に関する支援は引き続き重要な視点です。以前、タロウさんは、胃潰瘍、腸閉塞による入院手術をしたことがあります。その際、症状が十分に伝わらなかったため、診断に時間を要したとのことです。現在でも定期的な検査や服薬が必要なため、医療面のサポート体制を十分確保していく支援方針になっています。

第2表		居宅サービス計画書（2）				作成年月日	年　月　日	

利用者名　　　　　　殿

生活全般の解決すべき課題（ニーズ）	援助目標		援助内容					
	長期目標（期間）	短期目標（期間）	サービス内容	※1	サービス種別	※2	頻度	期間
・病気をせずに健康に過ごしたい。	定期的に受診をし、体調管理、服薬管理を行い健康に過ごすことができる。	定期的に通院、体調のチェックを行う。薬の数みられのないようにする。	医療機関への受診 服薬管理の支援 バイタルサインチェック（検温、血圧、脈拍測定）	○	・医療機関 ・訪問看護	○○病院（内科） ○○病院（外科） ○○訪問看護ステーション	週1	
	食事に気を遣い、体調を整えて健康に過ごす。	栄養バランスを考えた食事をとる。	食事作り支援など	○	・訪問介護（家事援助）	○○ヘルパー事業所	週3	
・耳の聞こえない不安がある。困ったときにいつでも相談できるようにしたい。	重要なものの管理ができる。	お金の管理や書類の確認ができる。	金銭管理のサポート 重要な書類の確認や手続き		・地域福祉権利擁護事業	○○市社会福祉協議会	月2	
	意思疎通や情報の疎通ができる。	FAXや情報機器などを使い、情報のやりとりができる。	手話通訳 専用FAX 屋内信号装置など		・手話通訳事業 ・日常生活用具	○○市障害福祉課	随時	
	緊急時などの連絡体制の確保	困ったときに相談できる。	困りごとの相談 緊急時の連絡・相談		妹 ○○医療機関 ○○居宅介護支援事業所 ○○ヘルパー事業所		随時	
・今の事業所へ通って仕事を続けたい。	無理をせずに自分のペースで作業に取り組む。	機械作業工程の見守りと最終チェックの役割を担う。	作業支援 他者との社会交流など		就労支援継続B型（障害福祉サービス）	○○作業所	週4	

居宅サービス計画について説明を受け、内容に同意し交付を受けました。説明・同意日　　年　月　日　利用者同意欄　　　　印

※1　「保険給付対象かどうかの区分」について、保険給付対象内サービスについては○印を付す。
※2　「当該サービス提供を行う事業者」について記入する。

> 障害福祉サービス利用の支援内容です。タロウさんが行う作業役割を見直しました。

ポイント1　障害福祉サービスを利用した日中の過ごし方

　就労継続支援B型事業所の支援目標と内容について設定しました。これまでは、週5日の通所利用でしたが、体力的な問題を考慮し、週4日に減らしています。援助目標についても、機械作業に取り組むのではなく、本人の負担を軽減するため作業の役割を作業工程の見守りやチェック役へと変更しました。あくまでもタロウさんのやりがいという気持ちの部分を重視しています。障害福祉サービス利用ならではのプラン作成といえるでしょう。

ポイント2　聴覚障害の要介護者が安心して生活できる支援体制

　聴覚障害者の一人暮らしをどのように支えていくのかがポイントです。聞こえない障害があるゆえに、日常のトラブルや緊急時において不安がつきま

といます。ケアマネジャーが1人で対応することは不可能なため、医療サポート、生活の困りごと、金銭管理といった支援の役割分担を本人にも理解できるようにわかりやすく設定しました。

事例の経過

　最初は介護保険サービスへの移行に戸惑っていたタロウさんでしたが、今までの通所サービスを利用できたことで非常に安心したようです。本人のまじめな性格もあって、無理をしてでも作業に取り組んでしまう傾向がありましたが、今回の移行を契機に自分自身の体力の衰えについて自覚し、体を大切にしていく意識が芽生えてきたようです。

　タロウさんのやりがいを尊重しながらも、通所日を減らしたり、作業の役割を見直すことで身体的な負担の軽減につながりました。事業所では、仲間たちと一緒にいきいきと新しい作業の役割に取り組むタロウさんの姿がありました。

　担当ケアマネジャーは、タロウさんとのコミュニケーション方法を工夫しながら、関わりを続けています。手話通訳者を介した会話の方法にも慣れ、やりとりを重ねるたびに物事の伝え方のコツがわかるようになってきました。ケアマネジャーが、通所の事業所へ訪問した際に、タロウさんはうれしそうに身振り手振りで自分の作業や施設を説明してくれました。信頼関係も徐々に芽生えてきていると実感しています。以前タロウさんを担当していた相談支援専門員からの助言も積極的に受け、支援の参考としています。

今後の課題

　今後の課題として、身体機能がさらに低下した場合、介護支援を専門としていない現在の事業所内だけの支援では、対応が困難になると思われます。介護サービスの必要性や介護保険施設への利用について、関係者を交えてタロウさんと協議しておく必要があります。

まとめ

障害がある人とのコミュニケーション

　高齢者、障害者に限らず、対人援助の基盤は、利用者と支援者とのコミュニケーションを積み重ねた信頼関係です。タロウさんは聴覚障害により意思疎通の難しさが際立っていたため、ケアマネジャーは、手話通訳者や関係者と連携をとりあいながら、タロウさんに関する情報を収集し、伝達の方法を確認していきました。また、手話通訳者だけに任せずに、ケアマネジャー自らが積極的にコミュニケーションを図りました。そうした取り組みの結果、タロウさんとの意思疎通が改善され、要望やニーズの的確な把握が可能となり、本人の意向をきちんと捉えたプラン作成につながっていきました。

ニーズに基づいた障害福祉サービスの利用

　介護保険移行に伴い、当初はデイサービスの利用を検討しましたが、本人の意向を尊重し、障害福祉サービスの利用を選択しました。長年の利用から培ってきた作業のやりがいや周囲の仲間との良い関係性といった要因が本人の精神的な支えとなったようで、生活全般に良い影響を与える結果となりました。

Case 2

介護保険サービスの利用者の QOL を維持・向上させるには？
—障害認定の申請と障害福祉サービスの活用—

事例のポイント

- 介護保険サービスと障害福祉サービスの利用
- 障害福祉サービスの利用手順
- 医療と介護の連携

事例の概要

斉藤美智代さん（仮名、76歳）女性　独居
- ●要介護度：要介護2
- ●手帳：なし
- ●家族：他県に住む子ども（夫は他界）
- ●利用中のサービス：訪問介護、通所介護、福祉用具貸与

　斉藤美智代さんは糖尿病を持病にもち、血糖値とヘモグロビンA1c値をチェックしながら現在は服薬でコントロールしています。腎機能の低下もありクレアチニン値やBUN（尿素窒素）値でチェックしています。また、糖尿病網膜症も発症していて眼科への定期通院もしていましたが、視力が著しく低下しなんとか見えていた目が失明状態となってしまいました。

　一人暮らしで家事への不安もあり、これまでは介護保険サービスの訪問介護で週に1回家事支援（掃除と買い物）を受けていました。また、趣味のコー

ラスにはなんとか自力で通っていました。

　今回視力を失ったことで担当のケアマネジャーはさらなる支援が必要となると判断し、区分変更申請を行ったところ、斉藤さんは要介護2となったため、サービス調整を行うこととしました。そして訪問介護の回数追加に加えて、デイサービスの利用と転倒防止のために手すりのレンタルを盛り込みました。これまで視力低下はあったものの、視覚障害については障害認定は受けていません。今回は障害を本人が受け入れ、障害認定を受けることになりました。また、趣味のコーラスへの参加をぜひ続けたいと望んでいます。

こんなケアプランで大丈夫？

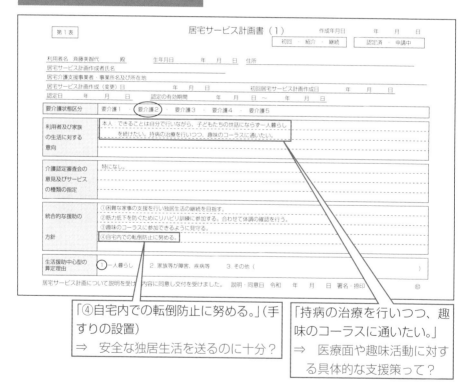

ケアマネジャーの悩み

失明した高齢者が安全な独居生活を送るのに
十分な支援になっている？

　まずは、独居生活のヘルパー支援の追加、続いて活動の不活化を防ぐために通所介護の導入、住み慣れた自宅とはいえ玄関付近での転倒を防ぐために手すりの設置を行いました。しかし、これだけで安全な独居生活を送ることができるか疑問もありました。視覚障害者の障害福祉サービスについてもどのように支援をすべきか気にはなっていましたが、具体的な対応はわからずじまいでした。

問題解決のためのアドバイス

　まずは介護保険サービスにはない、障害の分野での支援を考えます。障害があっても自立した生活を送るための法制度の利用を紹介し、QOLの向上を目指すことがケアマネジメントに求められます。

解説

介護保険サービス以外の社会資源の活用

　斉藤さんの生活は障害の発生により不活化が予測され、この点を考慮して様々な福祉サービスの利用に目を向ける配慮が求められます。介護保険の公的サービスだけで利用者の生活をフォローすることは困難です。在宅介護支援の代表的なサービスとなる訪問介護、通所介護を核にサービス提供を行いつつ、課題解決のために社会資源の活用を考えます。そのためには、広い視点のアセスメントが必要です。

ケアマネジャーの悩み

医療面や趣味活動を行うための
具体的な対応策ってどんなこと？

　趣味活動についてその内容までは細かく聞いておらず、ケアマネジャーとしてできる支援は浮かびませんでした。

　光を失った斉藤さんは、「どうせ治らないから」と気分は落ち込んでいます。子どもたちも案ずるものの、直接的な支援はなかなかできない状況でした。また、ケアマネジャーは糖尿病に対する知識が乏しく、食生活などの支援策、主治医との連携についても不安を感じています。

　そして、斉藤さんは住み慣れた家でできるだけ長く生活を続けたいと望んでいますが、身体介護を拒む斉藤さんには、これ以上の提案は難しいと悩んでいます。

問題解決のためのアドバイス

　ケアマネジメントにおける留意点を主治医に確認してモニタリングを行います。趣味活動の継続のためには、外出の支援に重点をおく手立てを検討しましょう。

解説

医療的なケアの視点も重要

　今回のケアプランを見てみると、医療に関する事項の記載がありません。

　視力の障害は糖尿病に起因するもので、糖尿病に対する経過観察がさらに求められます。医療と介護の連携強化も叫ばれており、双方の情報交換によりケアマネジメント上も医療ケアの視点が重要となります。

問題解決のためのケアプラン

第1表		居宅サービス計画書（1）	作成年月日　　　年　　月　　日
			初回 ・ 紹介 ・ 継続　　　認定済 ・ 申請中

利用者名 斉藤美智代　　殿　　生年月日　　　年　　月　　日　住所
居宅サービス計画作成者氏名
居宅介護支援事業者・事業所名及び所在地
居宅サービス計画作成（変更）日　　　年　　月　　日　　初回居宅サービス計画作成日　　　年　　月　　日
認定日　　　年　　月　　日　　認定の有効期間　　　年　　月　　日 ～ 　　年　　月　　日

要介護状態区分	要介護1 ・ 要介護2 ・ 要介護3 ・ 要介護4 ・ 要介護5
利用者及び家族の生活に対する意向	本人、できることは自分で行いながら、子どもたちの世話にならず一人暮らしを続けたい。持病の治療を行いつつ、趣味のコーラスに通いたい。
介護認定審査会の意見及びサービスの種類の指定	特になし。
統合的な援助の方針	①困難な家事の支援を行い独居生活の継続を目指す。 ②筋力低下を防ぐためにリハビリ訓練に参加する。合わせて体調の確認を行う。 ③趣味のコーラスに参加できるように外出の支援を行い合わせて障害福祉サービスの利用を検討する。 ④自宅内での転倒防止に努める。 ⑤主治医と相談して今後の医療面での留意事項を確認し持病の変化を見守る。
生活援助中心型の算定理由	①一人暮らし　　2.家族等が障害、疾病等　　3.その他（　　　　）

居宅サービス計画について説明を受け、内容に同意し交付を受けました。　説明・同意日 令和　　年　　月　　日 署名・捺印　　　　印

「③趣味のコーラスに参加できるように外出の支援を行い合わせて障害福祉サービスの利用を検討する」
⇒　介護保険ではカバーできない外出や趣味活動に対する具体的な支援として、障害福祉サービスを利用することにしました。
「⑤主治医と相談して今後の医療面での留意事項を確認し持病の変化を見守る。」
⇒　糖尿病の病状悪化を防ぐため、主治医と連携をとるようにしました。

ケアプランの援助方針

　修正されたケアプランでは、総合的な援助の方針に、明確に「障害福祉サービスの利用検討」と「主治医との相談」が加わりました。障害福祉のサービスの利用決定は先になりますが、申請がまず第一歩です。これで介護保険ではカバーできない部分の枠が広がり、QOL の維持・向上につながる策を講じることが可能となります。また、主治医との連携で持病のチェックを行いつつ、病状悪化を防ぐ働きかけができます。新規で追加された援助項目の中には家族の支援も可能な限りとりつけるアプローチが必要ですが、今回のプランではボランティアの活用などもケマネジメントの一環として捉えてあります。

| 第2表 | | | | | 居宅サービス計画書（2） | | | 作成年月日 | 年 | 月 | 日 |

利用者名　斉藤美智代　　　殿

生活全般の解決すべき課題（ニーズ）	援助目標				援助内容					
	長期目標	（期間）	短期目標	（期間）	サービス内容	※1	サービス種別	※2	頻度	期間
視力の低下と筋力低下により日常生活に支障がある。	独居生活を継続する。	1年	生活環境の整備と家事援助にて日々の生活を安心してできる。	6カ月	掃除、買い物、買い物同行	○	訪問介護（生活介護・身体介護）	グッドライフケア	週2回	○年○月○日～○年○月○日
			筋力低下を防ぎ体調を整える。	6カ月	リハビリ訓練	○	通所介護	いきいきデイサービス	週1回	○年○月○日～○年○月○日
			自宅内での転倒を防ぐ。	6カ月	手摺の設置	○	福祉用具貸与	あんしん介護	随時	○年○月○日～○年○月○日
趣味活動への参加を継続する。	コーラスの発表会に参加する。	1年	月に二回の練習に参加する。	1年	外出同行		ボランティアの活用	（同行援護も検討）	月2回	○年○月○日～○年○月○日
健康状態の確認	持病や関連疾患の確認	1年	体調の変化の確認	6カ月	医療情報確認		モニタリング	田中クリニック	2か月に1回程度	○年○月○日～○年○月○日
身体障害者手帳の申請	手帳の取得	6カ月	意見書手配	3カ月	障害福祉サービスの受給		モニタリング	近隣眼科障害福祉課		○年○月○日～○年○月○日
食生活の充実	健康状態を維持する	1年	適切な摂取カロリーを守る	6カ月	糖尿食の提供		配食サービス	ケアデリ	毎夕食	○年○月○日～○年○月○日

※1 「保険給付の対象となるかどうかの区分」について、保険給付対象内サービスについては○印を付す。
※2 「当該サービス提供を行う事業所」について記入する。

ボランティアの活用による外出同行、主治医との連携による医療情報確認、身体障害者手帳の取得による障害福祉サービスの受給、配食サービスによる糖尿食の提供を新たに追加し、失明した斉藤さんの支援内容を見直しました。

ポイント1　身体機能の変化による対応（身体障害者手帳取得申請）

　これまでも斉藤さんには視力の障害がありましたが、今回は失明状態へと悪化しました。本人は徐々に悪化してきたために受容していますが、実際にはその変化は大きいと思われます。まずは「視覚障害」について考える必要があります。手帳の所持もなかった斉藤さんが障害者として申請することに留意しながら、本人や家族の意向を確認して、主治医（眼科）と相談し、身体障害者手帳取得申請を行います（視覚障害認定指定医に診断書を記入してもらうことになります）。身体障害者手帳の等級によって受けるサービス内容が異なります。また、自治体によっても提供するサービスの内容が異なるので、地域の障害福祉課に問い合わせるのがいいでしょう。申請主義なので、申請を行わないとはじまりません。介護保険は優先されますが、介護保険だけで視覚障害者の生活を支えるのは困難で、他法の活用も求められます。障害の程度が増した現状を斉藤さんの子ども達にも正確に伝えて、支援こそ仰げなくとも実情を理解してもらうことが重要です。

ポイント2　医療面のフォロー

　糖尿病を持病としている斉藤さんは、今後、様々な病変が出現することも予測されます。特にヘモグロビンA1cの値や腎機能を示すクレアチニン値については確認が必要です。さらに、服薬確認や家事支援の中でも食生活への留意が必要となります。内科（内分泌）の主治医とは特に連携をとり医療面のフォローを行うことが求められます。ケアマネジャーとして普段から留意しておくべき点はどのようなことか、主治医に確認しましょう。糖尿病、腎機能低下と聞くと、次に血液透析が考えられます。既に斉藤さんはそのリスクを負っているので、この点を見逃さないようにアセスメントし、ケアマネジメントにも反映させることで悪化を防止します。

ポイント3　QOLの維持の対応

　斉藤さんは長年地域のコーラスグループに参加して友人もいるようです。地域でのつながりを継続することはとても重要です。また、隣人はもとより

民生委員や調剤薬局、行きつけの美容室など、地域で斉藤さんを見守っている方は他にもいるでしょう。コーラスに参加してこれまでどおり他者と関わりをもち続けるために、外出の支援に重点をおく手立てを検討したいものです。視力を失ってもこれまでどおり続けられる活動はたくさんあります。

事例の経過

　初めは戸惑いもあった斉藤さんですが、視覚障害者の申請を行い、1級の身体障害者手帳が交付されました（診断書を眼科医に依頼し、申請書を役所の障害福祉課に提出。その後、身体障害者手帳が交付された）。あわせて、障害福祉サービスの同行援護のサービスの利用申請を行い、支給決定がなされてサービスを使えるようになり、趣味のコーラスに安心して参加できるようになりました。また、社会福祉協議会への相談で、朗読ボランティアの利用も行えるようになり、視力を失っても日々の生活に生きがいを感じることができるようになりました。

　さらに、訪問介護のヘルパーと買い物同行も行い、安心して外出ができるようになりました。短時間でも外出することで気分転換になり、外気の刺激を受けて生活しています。通所介護でのリハビリは慣れていたこともあり継続して訓練を受けることができていましたが、ケアマネジャーから細かな医療情報が届けられるようになり、看護師からの問診で食生活に特に留意するようになって（治療食の配食も受け）、ヘモグロビンA1cの値も正常に近づいてきました。

　また、主治医と担当ケアマネジャーも顔見知りになって、在宅での食生活を案じていた主治医は糖尿食の提供や見守りの目が増えたことを喜んでいます。遠方の家族も母親の実態を認識して訪問の頻度が増えました。斉藤さん本人も、失明という身体的障害を受け入れた上で、独居生活を送り続ける活力が生まれました。

　このように、介護保険サービスのみでなく、様々な社会資源の活用がケアプランに盛り込まれることで、利用者の生活の幅が大きく広がるのです。

より広い視点から障害者の支援を検討する

「高齢、独居、障害ありの状態のアセスメント」によるケアプランは本人の意思を反映し、有する能力に応じて自立して生活する内容になっていたでしょうか。様々な社会資源、制度の利用や本人の意向は確認できていたでしょうか。

糖尿病網膜症で失明したことを受け入れた斉藤さんのこれからの生活への不安を考えてみます。視力については長らく治療を受けて悪化は認めていたものの、失明に至ったのはショックだったと思われます。手帳の取得（等級の格上げ支援の場合もある）や同行援護の利用、白杖の購入一部負担申請、タクシー券の受給申請など、障害福祉サービスの利用を考える必要があります。介護認定を受けていても利用できる福祉サービスはありますが、多くのサービスは申請をしないと使えません。自治体によってその差はありますが、障害福祉担当部署への相談は必要と考えられます。

また、視覚障害者の当事者団体も地域に組織されています。当事者間での情報交換や共有は本人にとって心強いものとなります。さらに障害者団体同士の連絡会や協議会では様々な話し合いが行われています。福祉制度の理解を深め、より良い制度にしていくために意見交換を行うことも重要です。障害により適切な情報を得ることが困難な方々も多いので、情報提供することも支援の一環となります。利用者の心身の状態に適した情報を届けることは

ケアマネジメントを行う上で必要ですので、地域における各種福祉サービスや資源を把握しておくことが大切です。

医療連携の重要性

　最近では様々な医療と介護の連携ツールがケアマネジャーと主治医との間で使われるようになりましたが、それでも実際にはなかなか主治医と直接話をできる場をもつことは困難です。しかし、今回の事例のようにイベント（原因がわかっている失明）発生時は、医療との連携を深める機会となります。今後の病状悪化を防ぐために、ケアマネジメントにおける留意点を主治医に確認してモニタリングを行い、定期的に健康状態を確認することはとても重要です。また、服薬管理を在宅療養指導につないで処方薬の提供や服薬管理を行うことも可能です。

QOL の維持・向上

　在宅生活を送る上で生活の質を担保することはとても意義のあることです。ただし、何が質として評価されるかは一人ひとり異なります。利用者（家族）の希望、期待、意向を 100％把握することは困難ですが、利用者（家族）と担当ケアマネジャーとの間で共有できる事柄は見い出せると思います。「安心して安全に生活を送る」ための支援内容は比較的容易に定められますが、個別に求められる「QOL の維持・向上」は能動的にアセスメントを行わないと目的が定まりません。ケアマネジメントの質を向上させるためにも、この点に力を注いでください。

　介護保険のサービスの提供を行っている中では、ついつい介護保険の範ちゅうに限った支援を行いがちです。また、フォーマルなサービスの提供が先行してインフォーマルなサービスが示されることは多くありません。ケアプランはその利用者の生活全てを反映しているものです。特に身体に障害が

ある方の場合は、その障害が日常生活に及ぼす影響を考えなくてはなりません。1つの項目に限定することなく、生活全般を広い視点で捉えて、日常生活への支障の度合いを見つけてプランを組み立てていくことが重要です。利用者本人を取り囲む全ての環境を見渡してアセスメントすることが求められます。健康、社会参加、家事、疾患、地域、居宅等々です。アセスメント、プラン、モニタリング、評価の繰り返しを定期的に行い、より質の高いケアプランを作成して利用者支援に取り組んでください。

真のケアマネジャーになるために！

　介護保険分野以外へのアプローチは実施した分だけ自分に戻ってきます。新たな分野への発信は次の支援に必ずつながります。他職種、他機関へのアプローチはハードルが低いものではありませんが、臆せずにチャレンジしてみてください。たくさんのよい引き出しをもち、それを有効に使えるケアマネジャーが真のケアマネジャーといえるのではないでしょうか。

Case 3

認知症状のある利用者に、精神障害が疑われるひきこもりの息子がいたら？（8050問題）

事例のポイント

- 認知症高齢者の支援
- 利用者家族に未受診未治療の精神障害が疑われるひきこもりの息子がいる場合の対応
- 日常生活自立支援事業（地域福祉権利擁護事業）、成年後見制度の利用

事例の概要

佐藤信子さん（仮名、84歳）女性

- ●要介護度：要介護2
- ●家族：精神障害が疑われるひきこもりの息子（51）と同居
- ●利用中のサービス：なし

　佐藤信子さんは息子の博さん（仮名）と二人暮らしをしており、信子さんは数年前から認知症の症状があります。博さんは職を転々としていましたが継続せず、現在は無職のため、2人は信子さんの遺族年金で生活しています。

　信子さんは転倒骨折を機に介護保険を申請し要介護2の認定を受けていましたが、これまでサービス利用はありませんでした。最近、信子さんに、認知症の進行がみられ、判断能力も衰えてきたことを心配した主治医が地域包括支援センターに連絡し、ケアマネジャーがデイサービス利用目的でケアプ

ランの作成を行うこととなりました。ケアマネジャーが信子さん宅を訪問すると、物が散乱し異臭もします。博さんは自室にひきこもって全く協力が得られません。さらに博さんについては、近所の住民から「時々妄想めいたことを叫んでいる」との相談も受けました。確かに様子がおかしいようです。

こんなケアプランで大丈夫？

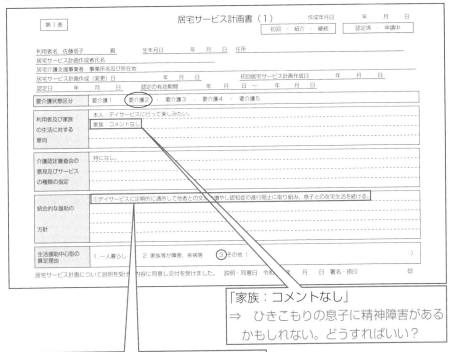

「家族：コメントなし」
⇒ ひきこもりの息子に精神障害があるかもしれない。どうすればいい？

「①デイサービスに通所して認知症の進行阻止に取り組む」
⇒ 室内の衛生管理や金銭管理にも問題がありそう。デイサービスだけで大丈夫？

ケアマネジャーの悩み

他にも必要なサービスがありそうだけど、本当にこのプランでいいの？

　主治医からの勧めで、認知症の進行を食い止めるためにデイサービス利用のケアプランを作成しました。デイサービスでは歌やOT活動のほか、入浴や軽体操のプログラムに参加するように調整しました。室内の衛生管理の問題の対応も検討しましたが、博さんが同居しているため訪問介護での支援は組み入れませんでした。これまでは信子さんが家事全般をこなしていたとのことでしたが、自宅の様子から次第にできることが少なくなっていることが感じられます。しかし、具体的な介入には至りませんでした。

　とりあえず居宅介護支援を進めることにしましたが、本当に通所介護のサービス調整だけでいいのか悩んでいます。また、デイサービスへの通所は順調に開始されましたが、デイサービスの相談員から、利用料の滞納や物忘れの頻度が増してきているとの報告が寄せられるようになりました。金銭管理にも問題がありそうです。

利用者の家族に精神障害の疑いがある。どうしたらよい？

　デイサービスの利用開始後、信子さんはレクリエーションにも喜んで参加し、入浴への拒否もなく、信子さん自身の衛生面の改善もなされました。しかし、自宅の様子は悪化する一方です。公共料金や利用料の支払もさらに滞ってきた様子です。自室にこもった博さんの気配からは、どうも精神に疾患がありそうな様子が伝わってきますが、どうしたらよいかわかりません。

問題解決のためのアドバイス

　利用者だけでなく、同居家族や家庭内の環境にも留意したアセスメントが必要な場合があります。また、金銭管理が困難な利用者に対しては、それを支援する制度もあります。広い視点をもつこと、様々な知識を身につけることを意識し、利用者にとってより良い支援となるよう心がけましょう。

解説

関連機関との連携

　博さんが同居していたため、悩みながらも通所介護のサービス調整のみを行っていましたが、何度か訪問するうちに、近所から相談を受けたこともあり博さんはただのひきこもりではなく、精神障害の症状があるのではないかと考えるようになりました。このままでは信子さんのケアマネジメントにも悪影響を及ぼし、問題が大きくなることが考えられます。

　様々な問題を抱えるこの家庭にケアマネジャーとしてはどこまで関われるのでしょうか。ケアプランを作成して適切なケアマネマネジメントを行うためには、本人以外の家族の事情にも考慮が必要な場合があります。そのような場合には、他制度や他機関の支援が必要となり、「関連機関との連携」が求められるのです。

問題解決のためのケアプラン

第1表		居宅サービス計画書（1）	作成年月日	年 　月 　日

初回 ・ 紹介 ・ 継続　　　　認定済 ・ 申請中

利用者名　佐藤信子　　　　殿　　生年月日　　　年　　月　　日　住所
居宅サービス計画作成者氏名
居宅介護支援事業者・事業所名及び所在地
居宅サービス計画作成（変更）日　　　　　年　　月　　日　　初回居宅サービス計画作成日　　　年　　月　　日
認定日　　　年　　月　　日　　認定の有効期間　　　年　　月　　日 ～ 　　年　　月　　日

要介護状態区分	要介護1 ・ 要介護2 ・ 要介護3 ・ 要介護4 ・ 要介護5
利用者及び家族の生活に対する意向	本人：デイサービスに行って楽しみたい。金銭管理に自信がなくなり公的な支援を受けたい。 家族：コメントなし
介護認定審査会の意見及びサービスの種類の指定	特になし。
統合的な援助の方針	①デイサービスに定期的に通所して他者との交流を増やし認知症の進行阻止に取り組み、息子との在宅生活を続ける。 ②訪問介護により家庭内の衛生管理と適切な食生活を確保する。 ③金銭管理の公的支援の手続きを勧め権利擁護を行う。 ④同居の息子への支援を関係機関に依頼して本人の不安解消に着手する。
生活援助中心型の算定理由	1.一人暮らし　　　2.家族等が障害、疾病等　　　③その他（　家族同居　　　　　　　　　　　　　　）

居宅サービス計画について説明を受け、内容に同意し交付を受けました。　説明・同意日　令和　年　　月　　日　署名・捺印　　　　　㊞

「②訪問介護により家庭内の衛生管理と適切な食生活を確保する」
⇒　同居の息子は家事全般をこなすことは困難と判断し、訪問介護の家事支援を盛り込むことにしました。
「③金銭管理の公的支援の手続きを勧め権利擁護を行う」
⇒　社会福祉協議会に相談し、日常生活自立支援事業の金銭管理サービスを利用することにしました。
「④同居の息子への支援を関係機関に依頼して不安解消に着手する」
⇒　精神障害が疑われる息子について保健所に対応を相談し、本人の不安解消につなげることにしました。

ケアプランの援助方針

　地域生活の支援は介護保険のサービスのみでは対応不可能です。また、家庭支援となるとさらに福祉制度全般を見据える必要が出てきます。このような観点からケアマネジャーはケアプランの立て直しを行い、家庭内の生活環境の改善と適切な食生活の確保に着手しました。加えて金銭管理の支援もケアプラン上で明記して連携の強化を図りました。信子さんには金銭管理の不安があるため、社会福祉協議会に相談し、日常生活自立支援事業（地域福祉権利擁護事業）[*1]を利用することにしました。

　精神障害の疑われる博さんは精神科未受診のため、まずは信子さんに保健所への相談を勧めました。

第2表						居宅サービス計画書（2）				作成年月日	年　　月　　日
利用者名　佐藤信子　　　殿											

生活全般の解決すべき課題（ニーズ）	援助目標				援助内容						
	長期目標	（期間）	短期目標	（期間）	サービス内容	※1	サービス種別	※2	頻度	期間	
生活に張りを持たせ健康に留意した生活を送り、物忘れが進むのを防ぐ	在宅生活の継続	1年	休まずにデイサービスに通所する	6カ月	レクリエーション 入浴 軽体操	○	通所介護	ほのぼのデイサービス	週2回	○年○月 ○日～ ○年○月 ○日	
在宅の生活環境を整える	在宅生活の継続	1年	整理整頓をして衛生管理を行う	6カ月	掃除（居間、トイレ、浴室）	○	訪問介護	ケアブレジド	週1回	○年○月 ○日～ ○年○月 ○日	
					買い物、食事提供	○	訪問介護	ケアブレジド	週1回	○年○月 ○日～ ○年○月 ○日	
金銭管理支援	権利擁護支援	1年	日常生活自立支援事業の利用	3カ月	金銭管理、公共料金の支払い、利用料の支払い		権利擁護事業	包括権利擁護センター	月2回	○年○月 ○日～ ○年○月 ○日	

※1「保険給付の対象となるかどうかの区分」について、保険給付対象内サービスについては○印を付す。
※2「当該サービス提供を行う事業所」について記入する。

> 金銭管理の不安を解消するため、社会福祉協議会に相談し、日常生活自立支援事業の利用につながりました。

> 自宅の衛生管理、適切な食生活の確保を目的に、訪問介護を追加しました。

ポイント1　丁寧なアセスメント

　利用者本人だけでなく、家庭の問題にも目を向けたアセスメントが必要になることがあります。信子さんの場合は、博さんの生活能力に問題があると考え、同居家族がいても衛生管理が不十分で支援が必要と判断し、訪問介護での家事支援を導入して生活環境の整備（掃除）をケアプラン上に盛り込むことができました。

　これにより家庭状態の把握も行えるようになり、問題の本質がより明確となりました。その上で作られたケアプランは問題解決に近づくものとなっています。

ポイント2　関連機関へのつなぎ

　ケアプラン上での解決が望めそうにない問題については、関連機関・部署へのつなぎが必要となります。金銭管理に問題があり、利用料支払の滞納がみられた信子さんは、ケアマネジャーが社会福祉協議会に相談したことで日常生活自立支援事業の利用につながり、金銭管理の問題を解消しました。

　また、精神障害が疑われたひきこもりの博さんについては、信子さんが保健所に相談して対応が必要と判断され、担当の保健師とケースワーカーがつくことになりました。彼らの粘り強い訪問と説得により、博さんは約半年後に面談可能となりました。その後、精神科医への相談からメンタルクリニックへの受診につなぐことができました。

ポイント3　様々な制度について理解する

　介護保険サービス以外にも、高齢者や障害者を支援する様々な制度があります。問題解決のために利用者やその家族を関連部署につなぐためには、そもそもどのような制度やサービスがあり、どこに相談すればよいのか知っておくことが必要です。例えば、精神障害のある方の支援を担当するのは障害者総合支援法で設置されている相談支援部署です。精神科未受診であれば、まずは居住地を管轄する保健所(保健師)に相談します。このような部署やシステムが存在していることをケアマネジャーは認識しておく必要があります。

事例の経過

　当初、信子さんの介護保険のサービス利用に関しては問題ありませんでした。利用料金の支払や公共料金の支払も、日常生活自立支援事業の利用で滞りはなくなりました。しかし、信子さんの認知症状が徐々に進行し判断能力が低下したため、成年後見制度[*2]の利用の提案が権利擁護センターからあり（日常生活自立支援事業は、判断・契約能力がある方の支援事業のため）、本人申立で保佐人[*3]をつけることが主治医との間でも確認されました。あわせて室内の衛生環境を整えることと、適切な食生活の確保を目的に訪問介護のサービスの提供も行われた結果、少しずつ改善がなされました。

　また、博さんについては、統合失調症の診断がおりて2週間に1度の通院と精神デイケア[*4]が計画され、精神通院の自立支援医療（精神通院医療）[*5]の受給者証の交付も行われました。その後、地域活動支援センター[*6]が関わり計画相談が行われて、博さんの障害のケアプランが作成されることとなりました。

今後の課題

　さらに進行することが予測される信子さんの認知症に対する支援策の検討が求められます。主治医と相談して認知症の精査や専門医への相談を進めていくことや、博さんにも認知症への理解と対応を認識してもらうことが必要です。

関係機関への相談が大切

　この事例で最も重要なポイントは多職種との連携です。主治医からの地域
包括支援センターへの連絡が信子さんのデイサービスへの通所につながりま
した。そのことで、第三者にはわかりづらい家庭内の課題をケアマネジャー
が把握することができました。

　ケアマネジャーが利用者の家庭内の課題にどこまで関わるべきかは大変悩
ましいところです。しかし、利用者本人が今後の息子の生活を案じており、
利用者自身も理解、判断能力に不安を抱えています。ケアマネジャーがデイ
サービスの利用のみを調整することは可能ですが、先々生じる問題は大きく
なる一方です。そこで声をあげて関係機関へ相談することが大変意味のある
こととなります。先送りしても問題が大きくなり、解決がより困難となるこ
とが多いからです。

　実際には、信子さんのケースのようにうまく運ばないことが多いでしょう。
残念ながら「イベント待ち」になってしまうことも多々あります。想定され
るイベントとしては、博さんが認知症が進んだ母親に対して身体的、心理的
虐待を行ったり、もしくは博さんが健康状態を悪化させたりすることです。
ひきこもりのみでは自傷他害がないので様子見となる場合も少なくありませ
ん。8050（80代の親と無職の50代の子どもの世帯）と呼ばれる世帯が多く
潜在することは既に周知の事実です。問題解決を急がず、関係機関との連携
で丁寧にケースに取り組むことが重要です。さらに年金の支払状況も確認で
きると、主治医と相談して博さんの障害年金受給も検討が行えます。

「きっかけ」に気づき、発信すること

　ケアマネジャーが信子さん親子に関わるきっかけとなったのは、主治医からのケアプラン作成依頼でした。支援が必要な状況なのに、自ら支援を依頼できない方は少なくありません。「声なき人への支援」が福祉のアウトリーチです。「きっかけ」は様々な形で現れます。それに気づき、発信していくことが支援者には求められます。家庭問題への着手に関わりをもてるのがケアマネジャーでもあります。高齢者支援の中での気づきを大切にして、家庭支援に結び付けていきましょう。

アセスメントに権利擁護の視点を

　介護保険制度は利用者（代理人）との契約で成り立つものです。契約能力が低下、著しく低下またはないとされる場合には成年後見制度が有効です。そのために介護保険制度と同じ時期にこの制度が施行されました。さらに、2016年5月には成年後見制度利用促進法が施行され、制度の利用を国も後押ししています。

　要介護高齢者の生活設計のキーパーソンは、いうまでもなくケアマネジャーです。ケアマネジメントを実施する上で、ぜひ「権利擁護」の視点も加えてアセスメントしてみてください。日頃のモニタリングで問題となったり、ケアマネジメントで対応困難と感じたら、地域包括支援センターに相談するのがよいでしょう。一緒に考えて適切なケアマネジメントが行えるようにケアマネジャーを支援してくれます。

生活の妨げになる要因を取り除く

　多くの問題を抱える家族への支援に関わるケアマネジャーには、「声をあげる」ことが求められます。利用者の有する能力に応じて自立した生活を送るための支援を行うには、その利用者をとりまく様々な環境因子（要因）を

チェックする必要があります。その結果、生活の妨げになっている、または
なりそうな因子（要因）を発見し、ケアマネジャー自身で解決の道筋を作れ
ない周辺因子（要因）については関係機関への相談を行うべきです。いずれ
その因子（要因）がケアマネジメントを行う上で何らかの障壁となることが
あるためです。このように環境因子（要因）については早期発見・手当てが
重要で、それにより状態の悪化を防ぐこととなります。さらに関係機関との
協議によって、周辺因子（要因）への対応の必要性を検討することも意義の
あることとなります。ケアマネジャーは問題を抱える家庭への支援を負担と
捉えず、対人援助の基本姿勢として取り組んでください。

ケアマネジャーと成年後見制度の関わり方については、本シリーズ③『あなたの悩み
を解決できる！成年後見』をご参照ください。

＊1　**日常生活自立支援事業（地域福祉権利擁護事業）**
　　　社会福祉協議会等で実施する事業。認知症高齢者や知的障害者、精神障害者など判
　断能力が十分でない方を対象として、福祉サービス利用援助、日常的な金銭管理、重
　要書類等の預かり等の支援を、本人との契約に基づき行う。

＊2　**成年後見制度**
　　　認知症、知的障害、精神障害などの理由で判断能力の不十分な方が、契約や財産管
　理の際に不利益を被らないように、家庭裁判所に申立てて援助者（成年後見人）をつ
　ける制度。

＊3　**保佐人**
　　　成年後見制度の類型の一つである「保佐」を利用する際の援助者。保佐は、簡単な
　ことは自分で判断できるが、法律で定められた一定の重要事項は援助がないとできな
　いという認知症等の判断能力が特に不十分な方を保護する制度。判断能力が、不十分
　な場合は「補助」、全くない場合は「後見」と類型されます。

＊4　**精神デイケア**
　　　精神疾患のある方が通院治療を行いながら、社会復帰や社会参加を目的に通いで参
　加できる集団ケアの事業。精神科医の指示により看護師、作業療法士、臨床心理技術
　者、精神保健福祉士等が配置されている中で、様々なプログラムが用意されている。

＊5　**自立支援医療（精神通院医療）**
　　　てんかんを含む精神疾患で、通院による精神医療が継続的に必要な病状の方に、通
　院のための医療費の自己負担を軽減する制度。

＊6　**地域活動支援センター**
　　　障害者とその家族が地域で安心して暮らせるよう、病気のことや生活での困りごと
　を解決するために個別に相談を受け支援する事業所。

知的障害のある子をもつ要介護高齢者(親)の「親亡き後」を見据えたケアマネジメントを行うには？

事例のポイント

- 障害福祉と高齢者福祉の連携
- 緊急時の対応と「親亡き後」を見据えたケアマネジメント
- 権利擁護の支援

事例の概要

新田ハルさん（仮名、83歳）女性
- 要介護度：要介護1
- 家族：知的障害（中程度）のある長女（60歳）と同居、他県に住む次女（55歳）
- 利用中のサービス：なし

　新田ハルさんは、知的障害がある長女の洋子さん（仮名）と2人で暮らしています。洋子さんは、日中は作業所（就労継続支援B型事業所）に通っています。言語でのコミュニケーションは苦手としていますが、身の回りのことなどは、助言があれば概ね行えます。自宅での家事などは、ハルさんが行っていました。

　ある日ハルさんは、自宅で洗濯物を干している際、バランスを崩し腰を強く打ちました。痛みはあるものの、同居の洋子さんが心配なので病院での受

診をせずに様子を見ていましたが、ある朝、起きられなくなりました。洋子さんが作業所（就労継続支援B型事業所）へ来ないことを心配した職員が訪問したところ、動けなくなっているハルさんを発見し、救急車を呼びました。洋子さんは、急な事態にパニックとなり、泣いていました。

　診断の結果、腰椎圧迫骨折でした。しかし、ハルさん本人の強い希望で入院はせず、自宅へ戻りました。しばらくの間、他県に住む次女が来てくれていましたが、長期的な支援が難しいため、介護保険を申請したところ、要介護1の認定が出ました。その際、次女から依頼され、ケアマネジャーが訪問しました。ハルさんは、主治医より、動けなくなったことで全体的に筋力が低下しているので、リハビリをしたほうが良いと勧められており、足腰が弱ったことを自覚していたハルさんは利用に前向きです。また、今まで通り自分が家事を行うことで、洋子さんとの生活を続けたいという強い希望がありました。次女としては、家事を行うことでハルさんの状態が悪化してしまうのを防ぐために、掃除や買い物についてもヘルパーさんに手伝ってもらったらどうかと提案しました。買い物については、同意が得られたものの、自宅内の家事については、「自分でやるから大丈夫」と頑なです。また、次女から、ハルさんは公共料金の支払いや書類の整理が難しくなってきているようだという話がありました。次女は、今後、月に数回は様子を見に来るとのことでした。

こんなケアプランで大丈夫?

第1表		居宅サービス計画書(1)	作成年月日　　年　　月　　日

初回 ・ 紹介 ・ 継続　　　認定済 ・ 申請中

利用者名　新田ハル　　　殿　　　生年月日　　　年　　月　　日　住所
居宅サービス計画作成者氏名
居宅介護支援事業者・事業所名及び所在地
居宅サービス計画作成 (変更)　　　　年　　月　　日　　　初回居宅サービス計画作成日　　　年　　月　　日
認定日　　　年　　月　　日　　　認定の有効期間　　　年　　月　　日 ～　　　年　　月　　日

要介護状態区分	要介護1 ・ 要介護2 ・ 要介護3 ・ 要介護4 ・ 要介護5
利用者及び家族の生活に対する意向	本人:デイケアで運動して、今まで通り家事をして、長女と一緒に暮らしたい。 次女:周囲に頼れるところは頼って、無理せずに暮らして欲しい。
介護認定審査会の意見及びサービスの種類の指定	
統合的な援助の方針	①デイケアで定期的な運動をすることで、筋力低下を防げるように支援します。 ②腰の負担がかかる買い物について支援します。 ③長女との在宅生活が続くように支援します。
生活援助中心型の算定理由	1.一人暮らし　②家族等が障害、疾病等　3.その他(　　　　　　　　)

居宅サービス計画について説明を受け、内容に同意し交付を受けました。　説明・同意日　令和　　年　　月　　日　署名・捺印　　　　　　印

今後の生活に関する長女の意向を確認したいけど、どうすればいい?

「③長女との在宅生活が続くように支援します」
⇒　知的障害のある長女との在宅生活について
　具体的にどのように支援したらいい?

知的障害のある長女との在宅生活を
支えるには？

　ご本人の意向を尊重し、デイケアでのリハビリ、訪問介護での買い物を支援するケアプランを作成しました。デイケアについては、洋子さんが作業所（就労継続支援Ｂ型事業所）に通っている時間内に自宅へ戻りたいというハルさんの強い希望により半日の利用とし、リハビリに特化した事業所を選びました。訪問介護での買い物については、「身体に負担がかからないので助かる」とハルさんは満足されている様子です。自宅内の家事の支援を検討しましたが、ハルさんの意向は変わらず、家事は自分で行いたいとのことです。訪問介護の事業所からは、玄関には公共料金の督促状のハガキ等がきているとの報告がありました。認知機能の低下も心配です。

知的障害のある長女の家族としての意向は？
頼りにしていい部分もある？

　同居の洋子さんは、ハルさんの状況を理解しており、洗濯物をたたむ、食器を洗うなどの手伝いをしてハルさんを助けています。洋子さんもハルさんを大切にしている様子がうかがえます。また、自宅の中で、決まった役割については問題なく行えそうです。しかし、言語でのコミュニケーションが苦手ということもあり、ハルさんが動けなくなった時のような緊急の事態では自ら助けを求めていくことが難しい様子です。

問題解決のためのアドバイス

　周囲が必要と感じているサービスを利用者が「必要ない」と感じることには理由があります。それまでの生活歴なども含めて、アセスメントすることが重要です。在宅生活を送る上で、公共料金の支払いなどの金銭管理は重要な問題であり、第三者による管理も含めて検討する必要があります。障害がある同居家族の支援機関がある場合には、早い段階から連絡を取り合うことについて、本人や同居の家族の同意を得ることでより良い支援につなげていきましょう。

解説

障害福祉サービスと高齢者福祉サービスの連携

　ハルさんと洋子さんの場合、1つの家族に複数の支援機関が関わることになります。洋子さんは、福祉的就労をしており、障害福祉サービスを受けているため、作業所（就労継続支援Ｂ型事業所）や相談支援専門員の関わりが予想されます。実際に、ハルさんが動けなくなった時には、作業所（就労継続支援Ｂ型事業所）の職員が救急車を呼ぶことで事態が動きました。相談支援専門員は、高齢者福祉分野におけるケアマネジャーと同じ役割をしています。洋子さんの障害特性やハルさんとの関係性等の情報を相談支援専門員から得ることで、ハルさんの支援をより良いものにすることができますし、ケアマネジャーと相談支援専門員が役割分担をすることで2人の在宅生活を支えることができます。

緊急時の対応と「親亡き後」を見据えたケアマネジメント

　ハルさんの在宅生活を支えるケアプランを作成する上で重要な視点は、2つあります。

　1つめは、緊急時にどのように外部へ助けを求めるのかです。今回のように、洋子さんはハルさんの異変に気が付きながらも、外部へ助けを求めることができませんでした。今回は早く発見することができましたが、発見が遅れることで命に関わることもあります。自治体によっては、ボタン1つで警備会社などが駆けつける緊急通報システムのサービスがあります。また、民間会社の見守りサービス等もありますので、介護保険サービスだけにとらわれずに検討する必要があります。

　2つめは、「親亡き後」を見据えたケアマネジメントです。ハルさんは、金銭管理等を含め、洋子さんを全般的に支援してきました。公共料金の支払いなどの督促状が届くということは、ハルさんが金銭管理をすることが難しくなってきているのだと考えられます。さらに、ハルさんの金銭管理だけでなく、ハルさんが行っていた洋子さんの金銭管理についても丁寧にアセスメントし、その2つを分けて支援していくことが重要です。

> 相談支援専門員に協力して
> もらい、長女の意向を聞き
> 取りました。

問題解決のためのケアプラン

第1表	居宅サービス計画書（1）	年月日	年 月 日

初回 ・ 紹介 ・ 継続　　認定済 ・ 申請中

利用者名 新田ハル　　殿　　生年月日　　年　月　日　住所
居宅サービス計画作成者氏名
居宅介護支援事業者・事業所名及び所在地
居宅サービス計画作成（変更）日　　年　月　日　　初回居宅サービス計画作成日　　年　月　日
認定日　　年　月　日　認定の有効期間　　年　月　日 ～　年　月　日

要介護状態区分	要介護1 ・ 要介護2 ・ 要介護3 ・ 要介護4 ・ 要介護5
利用者及び家族 の生活に対する 意向	本人：デイケアで運動して、今まで通り家事をして、長女と一緒に暮らしたい。公共料金の支払いなどの金銭管理は難しくなってきているので手伝ってもらいたい。 長女：お母さんと一緒に暮らしたい。洗濯や食器洗いは手伝いたい。 次女：周囲に頼れるところは頼って、無理せずに暮らして欲しい。
介護認定審査会の 意見及びサービス の種類の指定	
統合的な援助の 方針	①デイケアで定期的な運動をすることで、筋力低下を防げるように支援します。 ②腰の負担がかかる買い物について支援します。 ③緊急時に備えて、緊急通報システムを導入します。 ④書類上の手続きや金銭管理について日常生活自立支援事業の利用の支援をします。 ⑤洋子さんの相談支援専門員と連絡を取り合い、2人の在宅生活を支えられるように支援します。
生活援助中心型の 算定理由	1. 一人暮らし　　②家族等が障害、疾病等　　3. その他（　家族同居　　　　　　）

居宅サービス計画について説明を受け、内容に同意し交付を受けました。　説明・同意日 令和　年　月　日　署名・捺印　　　㊞

方針：「買い物について支援します」
⇒　家事を行うことが生活の中での生きがいであるというハルさんの意向を受け、長女や次女の協力を得られることもふまえて、無理に訪問介護での家事援助の導入は行いませんでした。
方針：「緊急時、会話が上手くできなくても外部との連絡を取れる体制をとります」
⇒　緊急時の対応として、介護保険外の緊急通報システムを導入しました。
方針：「金銭管理、公的手続きについて日常生活自立支援事業を利用していく」
⇒　筋力の低下だけでなく、認知機能の低下も少しずつ進んでいるハルさん。社会福祉協議会の日常生活自立支援事業を利用することとしました。
方針：「洋子さんの相談支援専門員と連絡を取り合うことで、2人の生活の変化があった際に対応できるようにします」
⇒　ハルさん、洋子さんの同意を得て、ケアプランに明記することで2人の生活に変化があった際には早期に対応できる体制を整えました。

ケアプランの援助方針

　ケアマネジャーの役割は、高齢のハルさんの支援ではありますが、ハルさんの在宅生活を考えたときには、一緒に暮らす家族についても考える必要があります。特に、今回のように知的障害がある洋子さんと暮らす場合には、洋子さんについても情報を得る必要があります。障害福祉サービスを利用している方には、原則として相談支援専門員がいることから、相談支援専門員と連絡を取ることから始めました。そこで、洋子さんの障害特性や意向を聞き取ることができ、家事について、洋子さんが役割を担える部分があることがわかりました。アセスメントをする中で、ハルさんは洋子さんの世話を含めて家事をすることを生きがいに感じており、そのことがデイケアでのリハビリにも意欲を持って取り組む動機になるのではないかと判断し、訪問介護の家事援助については、導入しない方針としました。次女からも、訪問時に掃除等で行き届かない部分への協力を得ることができました。

　次に緊急時の対応として、具体的にどのように外部との連絡を取るかの援助方針です。洋子さんは会話が難しいものの、状況を理解することはできるという情報を相談支援専門員から得ることができたので、ボタンを押せば駆けつけてもらえる自治体の緊急通報システムを導入することとしました。導入にあたり、ボタンを押してから、駆けつけてくるまでのシミュレーションをケアマネジャー立ち合いのもとで行い、ハルさんと洋子さんにサービスの仕組みについて理解してもらえるように努めました。緊急時の連絡先としては、次女の連絡先を登録し、連絡が取れる体制も整えました。

　洋子さんの障害福祉サービス等の手続きも行っていたハルさんですが、年齢を重ねる中で、変化するサービスの手続きが難しくなっていることがわかりました。また、あわせて公共料金の支払いも滞っており、その整理に難しさを感じていました。そのため、住んでいる地域の社会福祉協議会の「日常生活自立支援事業」の利用を勧めたところ、利用を前向きに検討したいとの意向を聞くことができました。

　ハルさんと洋子さんの在宅生活を支えるために、相談支援専門員との連携は必須と考え、連絡体制についてケアプランに明記しました。

第2表

居宅サービス計画書（2）

作成年月日　　　　年　　月　　日

利用者名　新田ハル　　殿

生活全般の解決すべき課題（ニーズ）	援助目標				援助内容					
	長期目標	（期間）	短期目標	（期間）	サービス内容	※1	サービス種別	※2	頻度	期間
在宅生活を続けるために、腰椎圧迫骨折で低下した筋力を向上できるようにする。	在宅生活を送る上で家事ができる筋力をつける。	1年	デイケア以外の日でも個別メニューを行う。	6カ月	集団での体操個別のリハビリ訓練	○	通所リハビリテーション	○○通所リハビリテーション	週3回	○年○月○日〜○年○月○日
腰に負担がかかる買い物について支援を受ける。家事については、長女、次女の助けを借りながら無理しない程度に行う。	長女との在宅生活を継続する。	1年	腰に負担がかかる買い物等は支援を受け、家事は無理をしない。	6カ月	買い物（代行；同行）家事（長女・次女の支援を受ける）	○	訪問介護家族支援	○○ヘルパーステーション	週2回	○年○月○日〜○年○月○日
区役所への手続き、公共料金の支払いについて支援を受ける。	日常生活自立支援事業の利用	1年	日常生活自立支援事業の利用について相談する。	6カ月	金銭管理、各種手続き支援		日常生活自立支援事業	○○社会福祉協議会	月2回	○年○月○日〜○年○月○日
緊急時に外部との連絡が取れる体制を整える。	緊急時の体制の確立	1年	緊急時にボタンを押し、外部と連絡を取る。	6カ月	緊急通報システム		自治体			○年○月○日〜○年○月○日
複数の支援機関が関わっているため、生活に変化があった際などには連絡を取れる体制を作る。	関係機関での連絡体制の確立	1年	モニタリングの様子や変化があった際には連絡を取る。	6カ月	生活の状況について連絡する			○○居宅介護支援事業所 ○○相談支援事業所		○年○月○日〜○年○月○日

※1　「保険給付の対象となるかどうかの区分」について、保険給付対象内サービスについては○印を付す。
※2　「当該サービス提供を行う事業所」について記入する。

金銭管理、手続き関係の支援は社会福祉協議会の日常生活自立支援事業を利用していくこととなりました。

緊急時に外部に知らせることができるように、自治体のサービスを導入しました。

事例の経過

　ハルさんは、洋子さんとの在宅生活を続けるためにデイケアに休まずに通い、自宅でも個別メニューを熱心に行っています。自宅内の家事については、時間はかかりますが、何とか行えるようになりました。次女の月数回の訪問時に、普段はできない掃除などを手伝ってもらい、洋子さんも日常的に洗濯や食器洗いを行ってくれるため、2人の在宅生活は安定しつつあります。ハルさんが不安に思っていた、金銭管理や洋子さんの障害福祉サービスの手続きについては、相談支援専門員と協力し、洋子さんも地域の社会福祉協議会の日常生活自立支援事業を利用することで、2人の金銭管理を別々に行うこととなりました。緊急時の対応として、相談支援専門員に、どのような場合に緊急のボタンを押すべきかについて、洋子さんが理解しやすいように絵と文字で紙に書いてもらい、少しでもパニックにならないように準備しました。ケアマネジャーが訪問した際には、その様子について相談支援専門員にもメールで報告するようにしました。また、相談支援専門員からも連絡があります。ある日、ハルさんが風邪をひいているようだとの連絡があり、一時的に配食サービスを入れることがありました。これも日頃の連絡体制が取れていた結果です。

今後の課題

　ハルさんの認知機能の低下がさらに進んだ際には、成年後見制度の利用も検討していくことが必要です。また、ハルさんが在宅生活を続けられなくなった時には、どのような支援をするのかについて次女を含めて話し合っていくことも必要になります。

高齢者福祉と障害福祉の関係機関との連携

　この事例では、介護保険サービスを利用するハルさんと障害福祉サービスを利用する洋子さんの在宅生活を支えるためにはどうしたらよいか？という視点が最も重要です。高齢者福祉サービスの介護保険と障害福祉サービスは、制度としては別々ではありますが、同居して在宅生活を送っている2人にとっては関係のないことです。ケアマネジャーとしては、ハルさんの支援を主に行うこととなりますが、長年一緒に暮らしてきた洋子さんとの生活を、制度が別だからと切り離して考えるわけにはいきません。本人と家族の意向を確認しながら、それぞれの機関が同じ方向で支援をする必要があります。関係機関が多く、集約が難しいときには地域包括支援センターなどにも相談し、どのような連絡体制を取るのか、変化や問題が起こったときにはどの機関が窓口となるのかなどを支援開始時に決めておくと、その後の支援がスムーズになります。ケアマネジャーと相談支援専門員は、それぞれの制度をつなぐ橋渡し役となります。

緊急時の対応と「親亡き後」のマネジメントの視点

　事例では、ハルさんが動けなくなった際に外部との連絡が取れず、訪問した洋子さんの作業所（就労継続支援B型事業所）の職員によって発見されました。ハルさんの場合、洋子さんが救急車を呼ぶことができないこともふまえ、24時間体制で支援を考える必要があります。今回の事例では、相談支援専門員と協力し、緊急システムの導入だけでなく、洋子さんでもボタンが押せるように工夫をしました。何が起こるのかわからないので、万全ではないかもしれませんが、できるだけ実際の緊急時にも対応できるように準備をすることが重要です。

　「親亡き後」のマネジメントとしては、ハルさんのように知的障害のある子を持つ親は、子の金銭管理や障害福祉サービスの手続きを行っている場合が多くあります。ハルさんの場合は認知機能の低下に自覚があり、不安を抱えていたため、地域の社会福祉協議会の日常生活自立支援事業の利用に結びつきました。しかし、金銭管理については、第三者に任せることは非常に慎重になることが考えられます。無理に勧めることで利用者との信頼関係が崩れることもありますので、1人で抱え込まずに相談支援専門員など関係機関と協力して進めていくことが重要です。

＜参考文献・資料＞

解説編

Step 1　障害福祉サービスと介護保険サービスの関連性

2　介護保険サービスと障害福祉サービス、両方利用する場合は？
- 『兵庫県高齢障害者ケアマネジメント充実強化事業』報告書（一般社団法人兵庫県相談支援ネットワーク、2016 年）
- 『障害者の日常生活及び社会生活を総合的に支援するための法律に基づく自立支援給付と介護保険制度の適用関係等についての運用等実態調査結果』（厚生労働省社会・援護局　障害保健福祉部障害福祉課、2015 年）

3　共生型サービスとは？

4　介護支援専門員（ケアマネジャー）に求められることは何か？
- 『高齢の障害者に対する支援の在り方について』（厚生労働省　社会保障審議会障害者部会（第 68 回）資料 1 − 1 p 37、2015 年）
- 障害者福祉研究会編『国際生活機能分類（ICF）−国際障害分類改定版−』（中央法規出版、2002 年）
- 『基幹相談支援センターの実態と在り方に関する調査研究』報告書（特定非営利活動法人長野県相談支援専門員協会、厚生労働省平成 25 年度障害者総合福祉推進事業、2014 年）
- 『平成 30 年度障害福祉サービス等報酬改定の概要』（厚生労働省　障害福祉サービス等報酬改定検討チーム、2018 年）

Step 2　障害福祉サービスの仕組み

2　障害者総合支援法の対象者
- 『平成 28 年版　社会保障の手引−施策の概要と基礎資料』（中央法規出版、2016 年）

3　就労支援に関する社会資源
- 松為信雄「障害者雇用施策における就労支援」、社会福祉士養成講座編集委員会（編集）『新・社会福祉士養成講座 18　就労支援サービス　第 4 版』（中央法規出版、2016 年）
- 独立行政法人　高齢・障害・求職者雇用支援機構ホームページ　「障害者の雇用支援」
- 厚生労働省ホームページ　「障害者雇用対策」
- 東京都福祉保健局ホームページ　「障害者就労支援センター」

Step 3　日本の障害者支援制度の全体像を知ろう

2　日本の障害者支援制度のこれまで
- 佐藤久夫・小澤温『障害者福祉の世界　第 5 版』（有斐閣、2016 年）

監修者・著者紹介

【監修】

小澤　温（おざわ　あつし）

筑波大学人間系　教授

【著者（50音順）】

●石田　泰子（いしだ　たいこ）

　あさくさ地域包括支援センター（社会福祉法人　台東区社会福祉事業団）

　ケーススタディ編 Case 4

●小澤　温

　解説編 Step 1

　3　共生型サービスとは？

　解説編 Step 2

　1　障害者総合支援法

　2　障害者総合支援法の対象者

　解説編 Step 3

　1　障害者福祉を支える基本理念

　2　日本の障害者支援制度のこれまで

●谷口　泰司（たにぐち　たいじ）

　関西福祉大学社会福祉学部社会福祉学科　教授

　解説編 Step 1

　1　障害者が介護保険の被保険者となる場合とは？

　2　介護保険サービスと障害福祉サービス、両方利用する場合は？

●林　茂史（はやし　しげふみ）

　社会福祉法人　東松山市社会福祉協議会・ひがしまつやま市総合福祉エリア

　基幹相談支援センター相談員

　解説編 Step 1

　4　介護支援専門員（ケアマネジャー）に求められることは何か？

　ケーススタディ編 Case 1

●本村　雄一（もとむら　ゆういち）

　社会福祉法人　創隣会　理事長

　ケーススタディ編 Case 2・3

●若林　功（わかばやし　いさお）

　常磐大学人間科学部現代社会学科　准教授

　解説編 Step 2

　3　就労支援に関する社会資源

サービス・インフォメーション

―――――――――――――――――――――――――通話無料――――

①商品に関するご照会・お申込みのご依頼
　　　　　　TEL 0120(203)694 ／ FAX 0120(302)640
②ご住所・ご名義等各種変更のご連絡
　　　　　　TEL 0120(203)696 ／ FAX 0120(202)974
③請求・お支払いに関するご照会・ご要望
　　　　　　TEL 0120(203)695 ／ FAX 0120(202)973

●フリーダイヤル(TEL)の受付時間は、土・日・祝日を除く
　9：00 ～ 17：30 です。
●FAXは24時間受け付けておりますので、あわせてご利用ください。

仕事がはかどるケアマネ術シリーズ①
改訂版　そうだったのか！
仕組みがわかる・使える障害者福祉

2020 年 3 月 25 日　初版発行

監　修　　小　澤　　温

発行者　　田　中　英　弥

発行所　　第一法規株式会社
　　　　　〒 107-8560　東京都港区南青山 2-11-17
　　　　　ホームページ　https://www.daiichihoki.co.jp/

ブックデザイン　株式会社エディット

ケアマネ障福改　ISBN978-4-474-07136-0　C2036 (5)